説文部首箋正

宋育仁 著

貴州出版集團
貴州人民出版社

圖書在版編目（CIP）數據

說文部首箋正 / 宋育仁著 . -- 貴陽 : 貴州人民出版社 , 2024. 9. -- ISBN 978-7-221-18633-1

Ⅰ . H161

中國國家版本館 CIP 數據核字第 2024JN4374 號

說文部首箋正

宋育仁　著

出 版 人　朱文迅
責任編輯　辜　亞
裝幀設計　采薇閣
責任印製　衆信科技

出版發行　貴州出版集團　貴州人民出版社
地　　址　貴陽市觀山湖區中天會展城會展東路 SOHO 辦公區 A 座
印　　刷　三河市金兆印刷裝訂有限公司
版　　次　2024 年 9 月第 1 版
印　　次　2024 年 9 月第 1 次印刷
開　　本　710 毫米 ×1000 毫米 1/16
印　　張　24.5
字　　數　147 千字
書　　號　ISBN 978-7-221-18633-1
定　　價　88.00 元

出版説明

《近代學術著作叢刊》選取近代學人學術著作共九十種，編例如次：

一、本叢刊遴選之近代學人均屬于晚清民國時期，卒于一九一二年以後，一九七五年之前。

二、本叢刊遴選之近代學術著作涵蓋哲學、語言文字學、文學、史學、政治學、社會學、目録學、藝術學、法學、生物學、建築學、地理學等，在相關學術領域均具有代表性，在學術研究方法上體現了新舊交融的時代特色。

三、本叢刊遴選之近代學術著作的文獻形態包括傳統古籍與現代排印本，爲避免重新排印時出錯，本叢刊據原本原貌影印出版。原書字體字號、排版格式均未作大的改變，原書之序跋、附注皆予保留。

四、本叢刊爲每種著作編排現代目録，保留原書頁碼。

五、少數學術著作原書内容有些許破損之處，编者以不改變版本内容爲前提，稍加修補，難以修復之處保留原貌。

六、原版書中個别錯訛之處，皆照原樣影印，未作修改。

由于叢刊規模較大，不足之處，懇請讀者不吝指正。

目録

卅四年

說文部首

（一）

富順宋育仁箋正

說文部首箋正

男維瑜敬署

序

文字之原出於言語語言之始先有聲音言者事物之名字者聲音之寄也由聲音之轉換拼合而成語言就拼合之語言爲公式之符記是爲文字之開先故最初之文字必先以拼音所謂文字即是語言如今之白話書報然矣外域之文皆拼音同此一系謂之音系以其符記雖不離乎形而其形爲無意識之符記專由音母相滋以爲羣言之統系蓋衍梵佉之傳至今未有改進也梵與佉盧時代在倉頡之前昔稱造文者三人長曰梵次曰佉盧文左右行最少倉頡文乃下行古書字簡

義轉相通長曰梵者言梵出最先最少倉頡者言倉頡最晚出也最先者必接結繩之世而其文右行就結繩之蛻形取向右之順勢至今西文大細草筆勢猶是結繩點畫均無意誼穆勒名學說文字原始譬如黑夜至人家不知地名姓氏以石灰畫其壁上所謂無意識之符號此後見畫灰之壁稱爲某地某家乃漸成有意識之符號矣此音系之字所以能文言一致也倉聖晚出見獸鳥蹄迒之跡知分理之可相別異也遂造書契乃脫離結繩之舊窠而別爲結體之新構每字自結爲一體離而獨立從一點一畫一直一曲皆各有意誼爲有

意識之符記因其所取之誼而定爲其字之名一名準定一音一音規定一義西文所謂幹字中文每字皆然旣皆幹字矣則無取旁行兩筆構合形成而誼顯過此以往同條而並貫此其所以下行獨爲形系許書序所謂据形系聯者也於是有文言俗語之分以數字組合成文卽可括數十字綴音之語法政乃有提綱敎誡乃能久記故曰百官以治萬民以察外域之字母形同而音讀各國不同卽各以其讀音爲滋生語言之母可謂之聲母中文之部首据形爲系聯卽以形相滋乳乃眞文之字母也中國文明開化最先倉頡以前已有文字

皆爲音系如閼逢攝提以次之十干十二支卽屬拼音之符號頡史大撓同時并作乃構合爲甲子以次之二十二干支則形系之統也說文五百四十部首始一終亥以究萬原厥義可得而說也顧許君生於秦滅古文之後距倉聖始制文字逾數千年所据僅秦文由秦篆上溯商周古文已歷三嬗古文奇字一變史籀大篆再變旁滋鐘鼎（鐘鼎盛於周宣中興以後文繁不殺多籀文複體世傳商盤已屬奇字惟近羅氏發得古卜龜貞作[illegible][illegible]足作出乃最初古文）秦篆專取整齊卽生隸書點畫每多移易兩漢以來三倉以降滋乳浸廣複體益多固不能執五百四十部首爲中文原質之母要其建類一首

据形系聯方以類聚物以羣分引而申之以究萬原則伊古以來淵源莫二至賾而不可亂九變復貫而不離其宗緯之以六書經之以形系据其部首偏旁以推求制字之本則分理可相別異然後悟倉聖制作乃文字進化之至精其與音系之字大有逕庭者矣故九千文不遽能遍誦而五百四十部首不可不識也且舍部首不究則雖遍諷籒九千字而茫無統系識部首偏旁之概畧而後按部以誦九千文則迎刃而解矣方今環瀛大通言政教者噂沓聉緦刺繆卮言日出歧之又歧猶治絲而棼也方欲張皇法政改良教科甲乙各持異議

迷惑不知所從夫政教之門從文字而入百官以治萬民以察者法生於名名出於文字此中國之獨精非鈔外域之法律所可爲治教科漢爲近古如將復漢律讀籀九千字始試爲史之法以教學僮也則國文教科必以國文字母爲主也今之所注許書部首即國文之字母也字書惟許君有完書所出部首雖有複體非原質之母固必過而存之始足以統晚出滋乳之字由此乃能粗通篆文訓詁之學通訓詁之學始能知文字與政教之關係斯可與讀法而從政矣由此而深進契而不舍求其獨體原則即可以推知古文制字之初而窺經

傳古訓之義窺經傳之古訓則識聖言之不誣然後知
生人與國本所與立之由則豐於學矣邪說乃不能亂
斯可與講德論道而施教矣昔孔子告哀公曰學於爾
雅可以辨言矣斯言何謂也哉其旨甚微而難索解觀
今羣言淆亂由辨之不早辨也則可以悟矣此亦爾雅
之科流也其書猝讀似短簡其作始也簡發端甚微而
教育所關則甚巨昔年二十講授貴中爲學者解說說
文部首成部首箋正初稿稍益整齊之易名部首詳注
後加理董易稿爲定本更名訂讀朱肯夫詹事督學蜀
見其書而稱之欲與王氏句讀同刊尋病終未果既通

籍潘鄭盦尚書索觀所箸亟相稱偉爲作序欲趣刊行
庚子避亂西山失去後定本幷潘序失之宣統末充京
師大學經文專科乃以初本付印爲說文爾雅授課本
後定本已不可復得比來還山舊及門諸子爲組國學
函授講習社先付排印以代傳鈔易名箋正維國所與
立者學也學所從入者文也中國國文極天下之至精
惟古文爲然五洲所共視往年使歐與英博士廝翁發
同文之業語在同文解字序例中書成未敢遽出知此
者稀擬聯同文學會相與講習夫欲廣文化於五洲固
必先敎授其鄉里欲學者之上窺姚姒求通古文原則

之最初必先識篆文据形之統系江河之大其源濫觴爲山九仞始於覆簣也西學者競傳二十紀以後當研求東方兩大學謂佛學與孔學是已其注目於中國國文之古義顓顓焉第苦於僅知爲象形文字而不能分別六書也中國乃置而不講同文之期會將至我國其將爲賓乎吾哀夫吾國之近談名學者乃求之於外也不知其卽爾雅之辨言也乃不揣其少作之謭陋取於說字頗明先刻此書爲函授講習社之課本其卽同文學會之濫觴乎問琴閣主宋育仁白序

說文解字部首上

富順宋育仁箋

第一

一　惟初太始道立於一造分天地化成萬物凡一之屬皆从一

此於六書爲指事鄭眾目爲處事班固目爲象事其次弟鄭先轉注班先象形惟許先指事於次爲當未有文字先有語言言者事之名也字者聲之寄也故指事爲先一事之始也天地初分乾坤始造是爲太始道立於一未有書契之先庖犧畫卦積三成乾耦六成坤其造端卽始於一天地始於太極萬物始於微老子曰天得一以清地得一以甯一生二二生三三生萬物

丄　高也此古文二指事也凡丄之屬皆从丄

凡許書先小篆後古文，茲先古文者，緣李斯雖改古文丄丅爲上下，其帝旁等字之从二者仍舊無改，如部首書上則無以統所屬帝、古文下說古文諸上字皆从一、篆文皆从二、二古文上字，然部首不作二者，二蓋古文奇字，即上字而上畫橫書之，非有異義，許意在明制字之旨，立一爲端，从一丨其上，謂在上也，以爲上字，一丨其下，謂在下也，以爲下字，上之丨引而上行，下之丨引而下行，从其審也，故部首从上不从二，丅下說底也，底說山尻，一曰下也，底即今所用低字，底則在下，高則在上，故說上高也。

示 天垂象，見吉凶，所以示人也，从二，三垂日月星也，觀乎天文以察時變，示神事也，凡示之屬皆从示。

會意也，古文示作𥘅，上部帝古文下丅古文諸丄字从一，篆文皆从二，二天也，篆改从古文二，天者至高無上，二亦謂天也，上體取義於天，下三垂取象日月星光綫下垂也，神之示人者莫切於吉凶吉凶之可見者、莫著於垂象、聖人以神道設教、而天下服、示之本義、爲不言之教、孟子、天不言、以行與事示之而已、自古先有天文以示神事、故尙書粵若稽古、鄭說稽古爲同天、范升說、主不稽古、無以承天、光綫下行必折、故古文三垂畫折光綫、𠘧至、如此作、卽古神祇字、

三

天地人之道也、从三數、凡三之屬皆从三、

會意也、段氏依韻會所改、作數名、天地人之道也、於文一耦二爲三、成數也、非、一下曰、惟初太始、道立於一、二下曰、地之數、上之一、天也、下之一、地也、天地既立、中參以人、而三才之道備、三才備而萬物成焉、老子曰、一生二、二生三、三生萬物、一二三、事物之原、非止數名也、許說从三數乃說字形、謂从積畫之三數、以明三才之道、故於文一二三文、从其數、四五以下文不从其數也、四古文亦四數、蓋民間沿彷書造、非正文、一二三、皆卽古文復出重文弌弍弎說古文一二三者、蓋古數名正作弌弍弎、其一二三包天地人之道、爲最初之文、非制爲數名之用也、

王天下所歸往也董仲舒曰古之造文者三畫而連其中謂之王三者天地人也而參通之者王也孔子曰一貫三爲王凡王之屬皆从王

會意也三取義於天地人之道又取形於積畫三數許君重明制字之恉故三下旣舉天地人之道又舉从三數兩恉並明然後所从之字推義可知李陽冰說中畫近上王者則天之義育仁按字有形同義別如士之與土白之與白丁之與个視而可職不必易形王玉俱从三其別者王取義於天地人之道玉取義於三數也班固劉熙說王者往也天下所歸往也

王石之美有五德潤澤以溫仁之方也䚡理自外可以知中義之方也其聲舒揚尃以遠聞智之方也不撓而折勇之方也銳廉而不忮絜之方也象三

玉

玉之連丨，其貫也，凡玉之屬皆从玉，

會意也，从三者，取於三數，李陽冰曰，三畫正均，如貫玉也，有仁按，虞書輯瑞，數則以五，从三數者，三爲數之成，亦手之列多，略不過三之義也，玉者，石之精，故說石之美者，五德見禮記，荀卿書詞有異同，其義一也，古者佩玉，無故玉不去身，貫以組綬，故从丨，丨者，貫之古文，

珏

二玉相合爲一珏，凡珏之屬皆从珏，

會意也，不云从二玉者，義在於形，形見於義也，重文作瑴，瑴下云，珏或从㱿，左傳納玉十瑴，晉語，行玉廿瑴，賂晉侯玉二瑴，荀偃以朱絲繫玉兩瑴，皆從或體，淮南書，元玉百工，工珏雙聲，故借工爲珏，爾疋雙玉曰珏，

气

雲气也，象形，凡气之屬皆从气，

禮記曰，山川出雲，气之見於天者，莫可見於雲，故制气字象雲气，猶示之取象日月星，本爲凡氣之

偁、不能諸象、取其衆著共見者也、聖人制字、以明事物、不外仰觀象於天、俯察法於地、近取諸身、遠取諸物、四端而已矣、示气之類、仰觀象於天者也、才生之類、俯察法於地者也、尺寸之類、近取諸身者也、告善之類、遠取諸物者也、气今作氣、其廩氣字、今又加食作餼、

士事也、數始於一、終於十、从一从十、孔子曰、推十合一爲士、凡士之屬皆从士、

一數之始、惟初太始、道立於一、禮記曰、天命之謂性、率性之謂道、十、數之終、上下四方備也、窮萬事之理、盡性以至於命、合諸天道、士之事備矣、故於文推十合一爲士、詩毛傳、士、事也、班固說、士、事也、任事之偁也、論語、士不可以不弘毅、任重而道遠、故士訓爲事、猶言躬執庶務、事有經始、故从一从十、至虞書作士、乃事之假借、事、理也、理天下之難理、故爲刑官之偁、又偁大理、推十合一、義微轉據、可說、萬事并包於積數、故以逢十復進一、統爲事名焉、

丨

上下通也、引而上行讀若囟、引而下行讀若退、凡丨之屬皆从丨、

指事也、於文爲最初、與一同意、衡之爲天地、引之爲上下、丨、貫也、王下說、一貫三爲王、玉下說、丨、其貫也、小下說、丨見而八分之、才下說、从丨上貫一、乇下說、上貫一、下有根、貫者通也、丨卽貫字、自上而下、自下而上、皆取貫通、論語、吾道一以貫之、囟退、卽讀若進退、原初制字、造形無別、而取義各殊、如三爲天地人之道、王則取義於積數之三、及大象人形、又爲廣大、寸爲寸口、又爲法度、孳乳之字取各不同、从丨之字、如乇、才、丯、中之類、引而上行者也、王、玉、小、巿之類、引而下行者也、

屮

艸木初生也、象丨出形、有枝莖也、古或以爲艸字讀若徹、尹彤說、凡屮之屬皆从屮、

萬物始於萌芽、故木亦艸也、丨當引而上行、艸初生、自地上出也、兩旁象甲拆、見枝莖、古文以爲艸

字、與疋、古文以爲足字，丂、古文以爲丂字，臭、古文以爲澤字同例，古文字少，筆畫簡單，一字常作數字之用，中爲屮木，已具艸形，故即以爲艸，其後孳乳，始以並屮爲艸，讀若徹，即借爲徹字，貫徹同義，上下通也，形義相近，即可假借爲用，又非本無其字，依聲託事之恉，耑下說艸木初生之題也，此說艸木初生，象丨出形，有枝莖，正象艸苗於上，耑上即屮而衰書之，下畫其根須萌而見微也，微字每字，皆从屮，象文乃加艸作薇、作莓、

艸

百芔也，从二屮，凡艸之屬皆从艸

會意也，芔从三屮，艸从二屮，茻从四屮，漸滋盛也，今謂花卉者，古云香艸，花艸同物，百者，舉成數，詩百卉具腓，俗以草爲艸，乃別以皁爲草、

蓐

陳艸復生也，从艸，辱聲，一曰蔟也，凡蓐之屬皆从蓐、

形聲也，卽耨字，謂芟夷之陳草又發生也，从耒者，除艸之器，从艸者，發生之物也，部下所屬，惟薅一文，按薅披田艸也，田艸之生者，非人種之，故字从蓐，艸部蔟下說，行蠶蓐也，行蠶謂移蠶作蔟，以艸爲藉，蠶書以作蔟爲上蔟，今以茵爲蓐，省作蓐，正當作蓐，本謂艸生蒙茸，如蠶簇繼乃謂艸長如茵，詩，下莞上簟，古制，袵席下藉莞蒲，上乃施簟，再加袵焉，統名謂之薦也，

茻 眾艸也，从四屮，讀與冈同，音莽，凡茻之屬皆从茻，

會意也，卽莽字，艸从二屮，芔从三屮，茻从四屮，多略不過三，故品眾庶也，从三口，雥羣鳥也，从三隹，㐺眾立也，从三人，驫眾馬也，从三馬，及蟲从三虫，劦从三力，皆取三數，眾艸獨从四屮者，籀文體多重複，从艸之字，籀多作茻，篆文改制，因仍籀體，刪四屮者以爲艸字，而莫莽葬三字從之，凡經傳艸莽字，皆當作茻，莽下說，南昌謂犬善逐兔艸中爲莽，然莽本鹵莽字，取譬於物也，讀若與冈同者，擬其音讀，與冈之讀同音也，冈卽古文罔字，古人音緩，罔莽同讀一音也，

第二

小物之微也从八丨見而八分之凡小之屬皆从小

會意也丨貫也八別也丨以界之爲中分之界線物分則有界也物分則小以至於微即算家微分之理故說小爲物之微

八別也象分別相背之形凡八之屬皆从八

別分也左右相背故爲分別此說象分別相背之形實指事也凡物實有形者乃畫成其物部之象形八者分別也有其事無其物無形可畫故作兩界線象其分背之形衡爲八字取分別相背之形以指明其事也所謂視而可識察而可見班固以指事爲象事正符此恉八爲數名而義取分別者陽數究於九陰數極於八即算理微分之數也故說八爲別从八之文十有二皆从八別之義許於部首說解必統其部之屬類如此

釆 辨別也、象獸指爪分別也、讀若辨、凡釆之屬皆从釆、

指事也、从古文釆、皆八、書、平章百姓、古文作辨章、辨別之義、然古文平卽辨、篆增改其文以統所屬、番、蹯、等字、篆體上下略如兩爪相叩、故云象獸指爪分別也、辨別、有其事、無其物、其取鳥獸指爪分別之形以爲釆字者、倉頡見鳥獸蹄迒之迹、知分理之可相別異也、遂造書契、此辨別之最明著者也、是謂遠取諸物、

半 物中分也、从八从牛、牛爲物大、可以分也、凡半之屬皆从半、

會意也、凡物中分之則兩俱成半、又取半而中分之、則又有半焉、半之意無窮也、故取於物之大可分者、以明半之意、从八、八、別也、別、卽分也、从八从牛、當作以从八牛、卽謂分牛也、半、取於牛、猶善取

於羊、麗取於鹿、
是爲遠取諸物、

牛 大牲也、牛、件也、件、事理也、象頭角三封尾之形、凡牛之屬皆从牛、

牲下說、牛完全也、完全、謂毛色純、角周正、不疢瘯瘯、禮記、帝牛必在滌三月、稷牛惟具、具卽完全之義、周禮鄭康成說、始養之曰畜、將用之曰牲、析名之也、統言之、則凡畜所以爲牲、可通謂牲、犍下說畜牲也、畜本當作嘼、通借畜、左傳、不以畜牲、古謂家人之畜與野獸、不爲同物、故爾疋釋畜、專釋馬牛羊犬豕、別於釋獸、嘼犍之物、以牛爲大、禮記凡祭宗廟之禮、牛曰一元大武、家人所畜、人所共知、馬牛犬豕、但說其名、不煩指物、獨說牛曰大牲者、以牛爲物大、从牛之字、如物、件、牢、物、皆取大義、故說牛大牲、質以大訓牛、譬馬武、羊祥、狗叩之例、連件爲詞、不以專詞者、推求正名百物之原起意內取大爲義、言外譬件爲名、不得專以一義說之、故又說牛件也、徐鍇說、猶言一件二件、按件謂事之

分理物分析之則爲件事分治之則爲理今南方俗語云物分事猶言物件卽賅有事理詩三十爲物爾牲則具物件一義卽事名詞故說牛大壯復說牛件猶說馬怒件復說武也未有文字先有語言百物之名命於人口命名之始意在言先取譬爲名或擬物之形容或比物之情狀言外則音從義定意內則義以音傳聖人制字以達語言音之所寄卽義在焉故古謂字謂之名也頭角封尾之物命之曰牛意內取狀其爲物大則成件可觀故言外譬件爲名牛古音讀如疑件古音讀如計古人語緩雙聲疊韻並如一音故牛件

件事理四音相近相引爲訓

犛

西南夷長髦牛也从牛𠩺聲凡犛之屬皆从犛

形聲也凡部首少形聲字形聲者孳乳相生後於指事象形會意立此部者以犛斄二文从犛省也山海經荆山多犛牛郭璞說牛屬背厀及胡尾皆有長毛今四川清溪南抵甯遠府西抵打箭鑪古西南夷地所在產之司馬遷作髦牛鄭康成作犛牛班固作旄牛其實一物也髦犛旄皆正作犛同

音相借也、

告 牛觸人、角箸橫木、所以告人从口从牛、易曰、童牛之告、凡告之屬皆从告、

積微居小學述林卷二頁五十七

會意也、牛觸人角箸橫木以禁禦之、卽告人以避觸、蓋古事如此、如今牽猘狗用竹貫繩拒其項使不得噬、告非麗牲之楅衡也、以事告人、其義無窮無以明之、故制其字、遠取諸物、牛觸人角箸橫木所以告人、故從口、口所以告、篆文說相承如此、育仁謂服牛引重、不施衡勒、叱而語之、故從牛口、甯戚舉之牛口之下、蓋相沿古語有此言也、或說麗牲於碑、祝殺告廟、然於形不顯、此誼、

口 人所以言食也、象形、凡口之屬皆从口、

言語飲食、口之所有事也、凡許君部首訓解、明作字之本義、須統部下所屬所謂凡某之屬皆從某也、从口之字、一百八十、其取不外於言食兩端、偏舉言食不得也、故說口人所以言食、

凵 張口也、象形、凡凵之屬皆从凵、

古文坎字、篆文演坎以形同凵字、開其上口爲張口、非古文、讀此字可附口部之末、別立部首者以其字象形、與口同爲最初之文、故別立部、別乎孳乳之字也、部止一文、亦曰凡凵之屬皆从凵者、許君所未收錄、倘有文字不以一書概盡也、觀班固云、司馬相如凡將篇、較蒼頡爰歷頗有出字、可知、

吅 驚嘑也、从二口、讀若讙、凡吅之屬皆从吅、

會意也、郎喧呼之喧、別體作讙、驚嘑者、必重疊嘑、故从二口、顧野王書、吅與讙通、許讙下說、譁也、譁下說、讙也、吅訓驚嘑、讀若讙、然驚嘑即讙譁、即喧譁也、

哭 哀聲也、从吅、獄省聲、凡哭之屬皆从哭、

無涕有聲曰哀、析言哭重於哀、統言哭即哀聲也、哭从吅、別立部首者、以喪从哭、否則無所統也、哭以三爲節、故从吅、徐鍇說、哭聲繁亂、下本犬字、而言獄省聲非也、育仁按、凡字之从某省、某省聲者、

推原其始，从某某聲，定是完字，於後書者，嫌筆畫繁重，因而省減，如今人寫減筆字，於是通人傳述說字，有从某省、某省聲，觀許所載省體，凡有二例：有省之而不成文者，如皮从爲省聲，䝿取負省聲，此必有所受之；之有省之而仍成字者，如家从豭省，哭之从獄省，此或相傳失旨，貽誤難从。夫制字之原，近取諸身，遠取諸物，如物件半告之从牛，驚駁之从馬，善美羨義之从羊，狡獪等字之从犬，皆取諸物情以明人事，同是一例。然哭从犬，家从豕，正有取於犬善號，故制哭字从犬，家居圈恆不出，故制家字从豕也。

走

趨也。从夭止。夭止者，屈也。凡走之屬皆从走。

會意也。从段玉裁說，夭止，屈也，當爲夭者屈也。犬部說夭，屈也。徐鍇說走則足屈，故从夭止，下基也。凡人行走起頓，必有所履，故夭止爲走。禮記鄭康成說行而張足曰趨。劉熙說疾行曰趨，疾趨曰走。析言則走疾曰趨，統言則走趨一也。

止 下基也象艸木出有阯故以止爲足凡止之屬皆从止

象形也足跟連趾之名連腓腸爲足連脛骨別爲足古文作𠙴作㞢則象跟趾全形篆文變體則別爲説云象草木出有阯上略似屮形屮艸木初生有枝莖也艸麗乎地上出枝莖而下有阯故云象艸木出有阯址基義同音近故訓止爲下基也艸木麗乎地猶人足履乎地亦如庋物之有丌義相通假故以止爲足此與韋以爲皮韋朋以爲朋黨來以爲行來西以爲東西子以爲人之稱同例説假借也假借之爲説本無其字依聲託事皮韋朋黨行來東西人之稱予有其其語言無其事字依聲託事遂以爲名足有其字借止爲足者古文字簡本用止字爲人足之名於後孳乳寖廣从止加以口象脛骨乃別爲足字其始亦本無其字也余樾説爲趾之本字謂足指之專名

𣥠 足剌𣥠也从止𡳿讀若撥凡𣥠之屬皆从𣥠

會意也。㞢蹈也。从反止。反止爲蹈。㞢止爲撥。即古文發字。刺㞢猶蹳蹋。人初發步。其形蹳蹋。開步之初。足跟相背。則未成行步也。故爲行刺㞢字。猶𨁂从四止。相並則形蹇澀。此與步皆可屬止部。別立部首者。以登發(今作癹)字从㞢。歲字从步。各有受意。以成統屬。所謂凡某之屬皆从某。

步 行也。从止㞢相背。凡步之屬皆从步。

積微居三六八四

會意也。凡人行。足舉則相上下。足進則前後參差不齊。故从止㞢相背。而形爲兩止相及。此與址同意。而行止義別者。址足相並。故从止。步足相隨。故義訓行也。劉熙說。徐行曰步。疾行曰趨。許君行下說。人之步趨也。

此 止也。从止从匕。匕相比次也。凡此之屬皆从此。

形聲。許說爲會意。與彼爲對待之詞。彼从彳。此从止。對勘見義。皮匕皆聲。無義可說。原彼此之稱在未有文字之先。即有此語言。正如爾汝吾我之比。例以音相寄而已。如此地此邦。皆就已所止之處。

此人此事皆就已意所止之詞衛定已止也匕从反人義爲比次猶云反比故許君从篆文說爲从止从匕

𤴓

是也从一一以止凡正之屬皆从正

是直也直正見也統言是正直三字同義析言則自守爲正眾著爲是从一从止許君用篆文說後起之義也徐鍇云守一以止禮記在止於至善則屬會意江沅曰一所以止之也如乍之止亡毋之止姦皆以一止之則屬指事俞天民說正爲射侯之之正詩終日射侯不出正兮左傳反正爲乏作丏義合青仁謂射侯之正名義取於筭術所得數故蔽矢之丏以反正爲義卽反正爲負也丏負一音之轉隸譌丏作乏

是

直也从日正凡是之屬皆从是

會意直正見也正見謂兩相值而對見也左傳曰正直爲正正曲爲直正曲者以檠栝矯止枉曲正

其枉曲則兩相對直正相當矣正著於眾乃別是非从日正會意日正者日方中也日方中者正當其時古文時是爲一字過時則昃舍是則非義取諸此此爲仰觀象於天

辵 乍行乍止也从彳从止讀若春秋公羊傳曰辵階而㢟凡辵之屬皆从辵

會意也彳小步也止行步所履也从彳止故訓乍行乍止鄭康成說不拾級而下曰辵張揖曰辵奔也與許微異與許引春秋傳義合乍行乍止亦行不以次即鄭君說不拾級而下也辵階而㢟今公羊傳作踖今音讀爲躓古音即讀著何休說踖猶起遽不暇以次引此以證字謂辵即踖之正文也讀若二字段玉裁說衍文

彳 小步也象人脛三屬相連也凡彳之屬皆从彳

象形之變例據班固論此類字當爲象事相連三屬上股中脛下足連二屬而詰屈象其微動也故

說爲小步否則畫人脛三屬相連當爲股脛字不當爲行步字矣小步徐鍇曰微步也徐行爲步彳當爲半步辵下說作行也

廴

長行也从彳引之凡廴之屬皆从廴

指事卽古引字亦卽延字引延雙聲古音一讀从彳下引而長之故爲長行對小步廴則爲長行實則正訓爲行也古文字少廴引一字於後孳乳加止爲延隸書作延今用引弓字作廴字故野王書廴今作引

㢟

安步㢟㢟也从廴从止凡㢟之屬皆从㢟

會意也此與辵同義辵从彳从止彳小步也小步而止故爲彳行作止㢟从廴从止廴長行也長行而止故爲安步㢟㢟也長行對小步而言非遠行之謂卽謂安步行必有止辵从彳从止㢟从廴从止建類相同而意可互證

是爲㢟類一首同意相受

行人之步趨也。从彳从亍。凡行之屬皆从行。

會意也。爾疋堂上謂之行，堂下謂之步，門外謂之趨。析言則步徐於趨，行徐於步，統言則行爲總名，行可統步趨。爾疋自步以上爲徐，自趨以下爲疾，許君舉步趨說行，則謂行可賅疾徐也。从彳从亍。彳，小步也。亍，步止也。跬步必有止，與㐪、辵、㢟皆同意。

齒口齗骨也。象口齒之形，止聲。凡齒之屬皆从齒。

形聲也。常作从口止聲，象口齒之形，疑脫从口二字。曰口字，象齒之形，謂欲齗。齒本肉也，今人謂之牙齦。齦爲肉，齒爲骨，故齒訓口齗骨。此就篆文立說。帀文𠚕，說古文齒則正象口齒之形，乃象形也。

凡許書訓解，說與某同意者，轉注也。說遂以爲某字者，假借也。說从某从某者，會意也。說从某某聲者，形聲也。惟指事、象形特爲明箸。指事、象形最初之文也。其明箸爲指事、象形，如上下說指事，气下口下說象形之類，易見易明，而象形之文亦有合體，則半體从某，半體象形，易與指事相亂。許於說解略舉从同其別者。象形實有其物，所謂象目中之形也，如齒、足、眉、盾、彌、束、眥，皆有物也。指事但明其指，所謂象意中之形也，如白、只、大、天、交、尢，雖畫其形，實指其事。二類皆半體从某，其半體不成字者，許俱說象某之形。但象形者其體繁，所謂畫成其物，隨體詰屈；指事者其體簡，所謂視而可識，察而見意。合體則爲孳乳相生，其得爲象形者，所从之半體亦象形字也，故合之仍爲畫成其物。

牙

牡齒也。象上下相錯之形。凡牙之屬皆从牙。

象形也。當脣爲齒，居輔爲牙，今謂之人牙，人之齒惟當輔者正方上下相錯，故象其形，制爲牙字。號大牙爲牡牙，蓋漢語如此，猶今呼脣正中二齒爲門牙，非謂齒有牝牡。如蚌之大者稱牡蠣，亦非謂牝牡。劉熙說，牙，樝牙也。

足

人之足也。在下。从止口。凡足之屬皆从足。

合體象形，後出之字。許君就篆文立說，在體下，故說从止。止，古文以爲足。訓下基也。足在人下，亦如叚物之爪故制足字从止口非口字乃畫人脛方圓之形與齒从口欲象人齒之形眉从目尸象毛頟理之形同爲合體象形也合體之象形其半體所从之字亦必象形如齒之从口口象形字也眉之从目目象形字也古文止作甘乃連跟與趾之名篆文改𠙹作止則形異而說亦異別演止足爲趾而就古文之止加口以象足脛制爲脛連跟趾之名故其說近同源流可見也

疋

足也上象腓腸下从止弟子職曰問疋何止古文以爲詩大疋字亦以爲足字或曰胥字一曰疋記也凡疋之屬皆从疋

古文足字也故以篆文之足訓古文之足疋之爲足猶大之爲人又之爲手有人字復有大字有手字復有又字有足字復有疋字又下說手也疋下說足也又之象手疋之象足取形同而義亦相通其義差有別者又爲手之所向疋爲足之所止也通其義則又即手疋即足上象腓腸今言謂足肚

下从止，止訓下基，基古文作𠙶，足之所止，如皮物之有𠙶，弟子職，莞子書篇名，班固以列於孝經類，引之以證疋，疋之本義即足趾之趾，問疋何止，謂問尊長之臥足趾當在何方也，古文以爲詩大疋字，疋古音讀如舞，轉爲胥，大雅小雅猶云大胥小胥，故相假借，亦以爲足字，猶用又爲手，古文字少，義同者即可通用，或曰胥字，謂疋即胥之初文，胥乃疋之或體，即說疋爲胥之本字也，一曰疋，記也，張華說，疏，記也，疏，當作疋，疏與此部所屬𨑩音義皆同，𨑩，通也，人身足經脈起止皆屬足指，足指者，古謂之趾，故以疋爲疏通，又以爲記號，因通假其義，用爲疏通，疏記字矣，

品

衆庶也，从三口，凡品之屬皆从品，

會意也，與芔、驫、毳、蟲、劦等字同例，衆庶，猶衆類也，口，人口，牲口，以及器物之有孔均可以口統名之，井口，口管，眼皆借人身之形以譬狀器物之形，三人爲衆，手之列多略不過三，故劦从三力，衆力也，毳从三隹，羣鳥也，驫从三馬，衆馬也，芔从三屮，百芔之總名也，禮，美多品，庭實千品，國語，天子千品萬

官文外官不過九品、賈誼賦、眾庶品生、人物同有此稱、段玉裁說、人三為眾、故从三口會意、

龠 樂之竹管、三孔以和眾聲、从品侖、侖、理也、凡龠之屬皆从龠、

會意也、取竹為管、以調音律者也、禮、鄭康成說、爾雅郭璞說、皆云三孔、詩毛傳云、六孔也、以龢眾聲故从品、品、眾庶也、亦象其三孔、侖、猶倫也、八音克諧、無相奪倫、音律之相生、至有條理、不能紊亂、故曰無相奪倫、亼部曰、侖、思也、凡事物、思之則侖理出焉、侖以和眾聲、使有侖理、故从品侖、

冊 符命也、諸侯進受於王者、象其札一長一短、中有二編之形、凡冊之屬皆从冊、

象形、經傳多假策為冊、禮記、文武之政、布在方策、百名以上書於冊、不及百名書於方、然冊之用、不專於符命、許以符命訓者、古者事簡、非符命無所用冊、明本義也、書、王命周公後作冊、蔡邕書、策、簡

也長者一尺短者半之其次一長一短然則合數札爲一册長短相間中以繩橫連之劉向以中古文校今文尚書率簡二十五字者脫亦二十五字簡二十二者脫亦二十二字編數札爲册長短相間其制可證簡之多寡無定也無定則當从略不過三三之例五之者著其一長一短相間二橫象二緯

第三

㗊眾口也从四口讀若戢又讀若呶凡㗊之屬皆从㗊

會意也眾口亦統人物而言與茻从四屮㠭从四工極巧也同例眾多略不過三驫雥品㐺等字皆从積三此與㠭茻从四積者因仍籒體同其繁重故有从積四之字徐鍇說呶讙也吅讀若讙二口爲吅重吅爲㗊詩緝緝翩翩假緝爲㗊㗊載號載呶正可作㗊㗊可隸吅部別爲部首者以囂器等字

从之、且噐从四口、與㗊不蒙、乃从
讀戢之義、孳乳、戢之言、聯襍也。

舌

在口所以言也、别味也、从干从口、干亦聲、凡舌之屬皆从舌、

會意也、所以言别味、猶口所以言食也、从干、干、犯也、言出於𠙴、犯舌而出、食入於口、犯舌而入、皆舌之所有事、是口之所干也、此篆文説、古文作𠯑、文作𠯑、乃象形、从𠯑、一以識之、爲言、篆改从干口爲舌、辛口爲言、别立解説、古舌音亦讀若吞、甜恬餂等字从舌聲可證、故干亦爲聲也、

干

犯也、从反入、从一、凡干之屬皆从干、

會意也、入、畫矢鏃、射無不入、干爲干鹵、所以禦矢、故从反入、古文只作丫、篆文加从一、一、道也、一下説、惟初太始、道立於一、反入則違道、故許云从反入、从一、

·

谷

口上阿也、从口、上象其理、凡谷之屬皆从谷、

象形、古文𦛠字、與古文𠙵相反見意、合體象形也、口上阿、謂口上肉卷曲處、即上脣人中、重文或从豦月作𦛠、晉灼說、口之上下名爲噱、統名之也、噱即𦛠服虔說、𠙵上曰𦛠、口下曰函、析名之也、谷可隸口部、別爲部首者、以西西字从之、合體亦得爲象形者、蓋所从之口字亦象形、故合之猶爲畫成其物

只

語已詞也、从口、象气下引之形、凡只之屬皆从只、

指事也、此與曰同意、𠮛象口气上出、只象口气下引、曰者詞之發、只者詞之已、象口气上出、故以爲語發詞、象口气下引、故以爲語已詞、凡人語發、則口气引而上越、語已、則口气引而下止也、从口、口字象形、八象气下引、合爲一字、宜若合體象形、其爲指事者、語已之詞、非可畫成之物也、指事者譬之口不言、而指以示意、𠮛从口乙、而上象气上出、只从口八、而下象气下引、所謂視而可識察而見意

㕯

言之訥也，从口从內，凡㕯之屬皆从㕯，

會意也，內，入也，古納入字本作內，納乃絲溼納納也，从口，所以言，从內，內於口而不出，是言之訥，禮記，其言吶吶然如不出諸其口，吶即訥，即㕯，此可隸口部，亦緣商商字从此，故別爲部首也，

句

曲也，从口，丩聲，凡句之屬皆从句，

形聲也，曲謂詰屈也，曲本義爲蠶薄，凡許書於篆文明本義，於說解通今言，凡以達意而已，當作从丩口聲，丩，相糾繚也，句之本義爲曲，故取丩爲義而口聲，禮記，倨中矩，句中鉤，古人讀書，每語畢即句乙其處，後人用點爲句讀，實沿句乙遺意，是句讀之句，與苟曲之義無別，古止讀若鉤，今人專用爲句讀字，而別寫勾，从厶，非是，

丩

相糾繚也，一曰瓜瓠結丩起，象形，凡丩之屬皆从丩，

六爻糾字，取象象瓜藤，或象繩糾，而義爲糾合，察而見意，是爲象事，相糾繚之所賅者廣，不專屬瓜瓠結丩，取象瓜瓠結丩者，所謂遠取諸物，許加一曰始箸象形者，或傳制此字專屬瓜瓠丩結起，直用爲瓜蔓字，疑以傳疑也，部屬文二，𤕓从瓜瓠結丩爲義，糾从糾繚爲義也，糾下說繩三合也，通其義爲凡交結之名，詩毛傳，糾糾，猶繚繚也，繚下說纏也，相糾繚，謂凡物交互，

古

故也，从十口，識前言也，凡古之屬皆从古，

會意也，故，已往也，事已往則成古矣，口識前言者也，數始一終十，復進於一，數歷一終，則口所傳爲古矣，古者，由後以推前，古以推古，初爲太始，今法古，古法天，故書稽古，說爲承天，孟子，天之高也，星晨之遠也，苟求其故，千歲之日至，可坐而定也，已然之迹，皆以言傳，統可謂之前言，徐鍇等說，十口所傳，是前言也，

十

數之具也，一爲東西，丨爲南北，則四方中央備矣

凡十之屬皆从十、

會意也、具猶備也、班固說、數協於十、協、同眾之和也、同眾則具備、十者地之數、易曰天九地十、地之勢、東西爲橫、南北爲縱、故一爲東西、丨爲南北、有東西南北、則中央在焉、

卅三十幷也、古文省、凡卅之屬皆从卅、

會意也、卄下曰、二十幷也、古文省多、此亦當作古文省多、省多者、三十兩字省幷書之爲一字也、可隸十部、別爲部首者、亦緣卋字从之得義、不得雜廁、所謂凡某之屬皆从某、

言直言曰言、論難曰語、从口、䇂聲、凡言之屬皆从言

形聲也、詩毛傳曰、直言曰言、論難曰語、鄭康成說言、言已事、爲人說爲語、爾疋言、我也、育仁按、我施身自謂、言亦自我發言、言我義本相通、故詩言字毛傳皆釋爲我、語下說論也、郎謂論難、當爲从口从䇂、䇂亦聲、䇂、愆也、惟口啟羞、吉人詞寡、觀乎人文以敎天下、

誩 競言也。从二言。讀若競。凡誩之屬皆从誩。

會意也。論難曰語，直言曰言，兩俱直言己意，無所受也。無受則競。部下所屬三文，譱字則取美言爲義，讟字則取惡言爲義，兩言相競而惡美出焉。惟口出好興戎，言行君子之樞機，樞機之發，榮辱之主也。故口辛爲言，人言爲信，反比見義，言以約信，不信則無取於言也。按此即競字，隸變爲競，誤合爲競。

音 聲也。生於心，有節於外，謂之音。宮商角徵羽，聲；絲竹金石匏土革木，音也。从言含一。凡音之屬皆从音。

會意也。析言則五聲爲聲，八音爲音。音者，聲之有節於外者。統言音即聲也。此與甘同意，甘下說口含一，一道也。此从言含一，一亦道也。金石絲竹匏土革木，八音克諧，無相奪倫，所謂道也。合於律呂

則成音从言言者心之聲也生於心達於口謂之
言生於心達於樂謂之音樂亦達其心聲故从言
然言必合聲音之道始謂之
音故从言含一是謂有節

䇂 辠也从干二二古文上字讀若愆張林說凡䇂之
屬皆从䇂

會意也干上則有罪辛从干上所謂合類比誼以
見指撝故說辛辠也讀若愆其義卽同愆凡許君
讀若多有擬其音卽擬其義者如讀辛若愆誼卽
同愆亼讀若集誼卽同集吅讀若讙誼卽同讙㫃
讀若偃誼卽同偃𢎘讀若含誼卽同含[illegible]讀若贅
誼卽同贅丁讀若檝誼卽同檝文字者聲音之寄
擬其音而詁卽拊焉故古謂字謂
之名也以疊韻說字亦猶此意

丵 叢生艸也象丵嶽相並出也讀若浞凡丵之屬皆
从丵

象形也。丵嶽古語，猶言槎枒，丵爲叢生艸，象艸叢生枝，槎枒，爭長竝出，讀若浞，專擬其音，韻雖不與浞同物，狀在是矣。丵於經傳無徵，業說象其鉏鋙相承，叢說叢聚也，對說應對無方也，然丵之誼不專屬艸叢生，取於艸艸者，遠取諸物，許君說篆文義如此。育仁謂古文艸叢生字，卽作业，叢艸芽生，从地上竝出，正如畫家畫叢艸之形，业卽簇字，丰卽古文丰字，丰卽逢字，卽豐字，从山加丰，乃古文叢字，篆文改制，以丵爲簇，又从丵加取爲叢。

瀆菐也。从丵从廾，廾亦聲。凡菐之屬皆从菐。

會意也。卽古文僕，篆文滋乳，乃增偏旁。瀆菐亦古語。段玉裁說，菐如孟子之僕僕，趙岐注煩猥貌。从丵，丵訓叢生艸，象丵嶽相竝出。廾，竦手也。捧手除艸，煩猥之事，卽僕隸執役之義也。以瀆訓僕，亦疊韻釋名之例。

竦手也。从屮又。凡廾之屬皆从廾。

會意也。與𠬜同例。反證見意。竦手者，有所奉持，合其手，故从二手相對，猶言捧手。後演爲奉，又加手爲捧。古文與拱同爲一字。楊雄說廾从兩手，作𢪱。郎今拜字。肓仁按：古文捧从二手。楊雄說廾从二手。謂拱手，郎竦手。竦手，郎捧也。凡人捧則兩手相合。許意从篆文立說。竦手，謂奉持物。別以从兩手者爲拜。於部屬文見義。奉下說承也。丞下說奉承之義。畀下說舉也。弆下說兩手盛也。弆下說摶飯也。昪下說共置也。篆文改古，別立統系，所謂凡某之屬皆从某。

𠬜

引也。从反廾。凡𠬜之屬皆从𠬜。

會意也。郎古文攀字。或體作扳。引，引弓也。通用爲援引。許於說解用通誼也。合手爲廾，反手爲𠬜。凡人有所奉持，必合手；有所攀援，必反手。𠬜加爻作𢶡，又加林作樊，再加手，重文作𢺾，或从手从樊作攀。今專用或體。

共

同也。从廿廾。凡共之屬皆从共。

會意也，廿，二十並也，又古文廿讀若疾，與廿音形並同，蓋卽今箝籥之籠，籠者，合幷之也，箝物之器卽以爲名，从廾，廾，竦手也，合手用箝，合不同者而同之，故訓義爲同也。

異 分也，从廾从畀，畀，予也，凡異之屬皆从異。

會意也，同爲共，則異爲分，相互見義，畀說相付與之約在閣上，此說畀予也，予說推予，義已迂回，㣺在畀間，意亦難解，旁仁謂畀卽古文箅字，今之甑箅，卽箄食之箄，从田置丌上，田非田字，卽箄最初之古文，加丌爲畀，篆改从廾，由聲，隸書作卑，加竹作箅，今正，異从畀，㣺在田丌之間，是移箅去丌之處，故其義爲分異也。

舁 共舉也，从臼从廾，讀若余，凡舁之屬皆从舁。

會意也，臼，叉手也，廾，竦手也，四手并，是共舉也，意與共同，古文𢀜，卽古文舁，讀若余，猶讀若予，擬音而誼亦揩，備疋，舁，予也，正當作舁，隸書誤作舁，共舉者，公供而共取之，故義通於推予，部屬與說爲

黨與、即共舉之本義、

臼

叉手也、从E彐、凡臼之屬皆从臼、

會意也、叉下說、手指相錯也、按曰、即古文振字、或古文匊字、右从爪、側書、左从反爪、舊說爲掌、與本訓叉手義不甚明、从E彐、即𠂇又之變形、無事於腕、有事於指、故去其下擘、篆演爲掬爲攫、

晨

早昧爽也、从臼、从辰、辰時也、辰亦聲、丮夕爲夙、臼辰爲晨、皆同意、凡晨之屬皆从晨、

會意、即今晨字、禮記、早昧爽擊鼓以召衆、日部早晨也、昧爽、旦明也、析言則早遲於昧爽、統言則晨謂之早昧爽、从日、臼、叉手也、昧爽而起、手有所作、从辰、辰時也、育仁按、古以十二支爲十二月之紀、晝夜分百刻、不分十二時、辰爲三月、時爲農時、辰部曰、三月陽气動、雷電振、民農時也、其分一日爲十二時、古雖不適行、亦自是傳、班固蔡邕說、夜半子時也、雞鳴丑時也、丑部曰、日加丑、亦舉手時也

申部曰、吏以日晡時申旦政也、此說日辰時也、亦謂日出而作之時、亟守也、臼、力作也、夕當守、晨當作、許君蓋述篆文之說、明轉注之別例、故云皆同意、蓋即古文農字、篆增體作農、別體作莀、誤合於从日之晨、殆由隸書連并誤寫

爨 齊謂之炊爨、臼象持甑、冂爲竈口、廾推林內火、凡爨之屬皆从爨

从合體象形、實爲指事、所謂象事、亦云象意、从段玉裁訂、省作齊謂炊爨、謂齊語謂炊爲爨、孟子趙岐說爨炊也、火部、炊爨也、臼叉手也、用象甑形、孟子曰以釜甑爨、古爨必用甑也、冂象竈口、今謂竈門、廾竦手也、林从二木、謂薪、竦手以納火於竈門也、重文作爨、說籀文、爨則省去䦧部屬䦧、說所以支鬲、从爨省、則省去爨、又䰜从爨省、亦去下半繁體、然䦧即𩱨字、即古文爨字、篆文滋乳、分爲數字耳、

革獸皮治去其毛曰革、革、更也、象古文革之形、凡革之屬皆从革

假借也、借古文革更之字、爲製成獸革之名、重文作革、說古文革、从廿、廿、三十年爲一世而道更也、然革本訓更、廿卽卅、乃古文世字、𠧟古文爲字、謂人之所爲歷三十年爲一世、其道當更改也、緣獸皮治去其毛、亦革更之、故通俗語言、遂稱獸皮治去其毛爲革、猶今人名弓爲挽、名刀爲切、名瓢爲舀、相沿成故、篆文遂以更革字爲皮革字、所謂本無其字、依聲託事、孳乳之字、取爲偏旁、悉从借義、小篆仍之、但古文从𠧟、小篆省書作从()、仍从故形、略更舊體、故曰象古文革之形、與弟从古文之象、民从古文之象、一例、凡許書明制字本義、此从段借訓爲獸皮去其毛者、緣偏旁所屬皆此義也、厥義不可得而說、故曰象古文革之形、

鬲鼎屬也、實五觳、斗二升曰觳、象腹交文、三足、凡鬲

之屬皆从鬲、
象形也、爾疋、款足謂之鬲、考工記、陶人爲鬲、實五觳、鄭衆說、觳受三豆、鄭康成說、觳受斗二升、然鬲受六斗也、一象蓋、口象口、乂象腹交文、冂象腹、及三足、

歷也、古文亦鬲字、象孰飪五味、气上出也、凡䰜之屬皆从䰜、
象形也、歷、漢令鬲字、粥、鬲、古文一字、小篆始分爲二字、故曰古文亦鬲字、象气上出、謂兩旁弜、孰飪五味之器、从古文鬲、加弜者、非弜字、象气上出之形、故鬲亦象形、合體猶爲畫成其物、隨體詰屈、

丮也、覆手曰爪、象形、凡爪之屬皆从爪、
象形、丮、持也、𦥑、彐皆从此、滋乳、則爲會意、班固目爲象意、皆謂人用爪有所執持、仰手曰掌、覆手曰爪、覆手則指下垂、故畫三垂、指之列多、略不過三、

丮 持也象手有所丮據也讀若戟凡丮之屬皆从丮

指事也卽今戟字隸書作執持下說握也丮者手有所握故說持也由手字乁本古文及字手及爲執當屬會意許說乁象有丮據之形者篆體詰屈不取从乁爲義譬如舉手以示有所丮據所謂視而可識察而見意

鬥 兩士相對兵杖在後象鬥之形凡鬥之屬皆从鬥

會意也篆文本屬兩丮相對兩執則鬥義自甚明乃說爲兩士存古文說也古文丮作丮从士不从手旁畫作乁乃斤之古文士軍士兵杖者斧斤之屬故云兩士相對兵杖在後古文丮从士執ㄑ篆改从手有所執據此古篆嬗蛻之迹丮持也兩相持卽鬥之義論語戒之在鬥史記吾甯鬭智不謂尋戈相討也

又 手也象形三指者手之列多略不過三也凡又之

屬皆从又、

象形、依班固說爲象事、今之又字、卽古文右字、𠂇訓左手、此不言右手者、段玉裁說、本兼ナ又而言、先有又字、最初之文爲象形、反書向左、則爲反手、卽屬會意、禮、能食敎之右手、故左爲反手、古文字少、手又同字、故从古文說直訓爲手、後增爲𠂇則備五指之形、此仍說手之𠛐多、略不過三者、亦存古文說也、既有後出手字爲手之專名、因假借此文爲復又之代語、復又之又、本無其字、乃人語前後相承、更端之發聲、故通借又手之又、或借有無之有、依聲託事之義通行、而本義遂廢、然古文从又孳乳之字應有統系、故仍說又爲手也、本爲手之統名、由有ナ手之名、始析名又手、方向之ナ又、亦緣手之ナ又得稱、故經傳言東階西階、東序西序、不稱左右、禮記始稱ナ學又學、亦後起之名、今梁益之間、問道路向ナ又、猶言ナ手又手、

左手也、象形、凡ナ之屬皆从ナ、

史

記事者也。从又持中。中，正也。凡史之屬皆从史。

會意也。古通謂文字爲史，文者所以記事也。故又謂記事之書爲史。从手，手所以書也。禮記，動則左史書之，言則右史書之。中字古文與篆文屢變其形，古文作中，篆作中，作中，或作中中，許引衞宏說用爲卜中，體尤歧異，小學家多从弓矢命中解說，於形義統系不能共貫，宥仁謂古文中綫之中，與射中之中，是兩字義合爲一字。中爲規圓之中綫，中乃射之命中。史篆作史，然篆文義謂手持弓矢，許說記事者，射中書，其不獲中者，記其觥撻之數，書曰，侯以明之，撻以記之，又云中，正也者，正謂正鵠射者持滿志在中鵠故以射侯之正爲中正既之正此亦許君曲存古文說之義至篆文孳乳既多就文立說既合中線射中爲一字又改正字之義爲从一止則謂箸於文史者必持中正乃可垂後云爾左傳曰君舉必書書而不法後世何觀司馬遷曰言不雅馴薦紳先生難言之篆文說字多後起之義略得達意而已許君据形之書不得不取秦文爲據序所謂闕疑載疑也

去竹之枝也从手持半竹凡支之屬皆从支

會意也竹从艸下垂象其箸箬今畫竹猶如此手去竹枝持其一个是手持半竹即古枝字後演爲枝爲肢支義不專屬竹枝取於竹者地可觀者莫可觀於木竹可材也故从手持半竹制爲支字所謂近取諸身遠取諸物

手之疌巧也从又持巾凡聿之屬皆从聿

會意也据形義即今之箑字据相承音切即今之攝字或體箑从妾聲作翣轉音讀扇義即爲扇古

之舞者執巾、沈約書公莫舞今之巾舞也、其後乃代以扇、疌、速也、疌巧、卽捷巧、故詞曲家言、謂俄頃爲一箑或作一翣、禮記、周人牆置翣、蓋象生時障扇、

聿所以書也、楚謂之聿、吳謂之不聿、燕謂之弗、从聿一聲、凡聿之屬皆从聿、

从聿一、一亦聲、聿、手之疌巧、所以能書、一道也、分理可相別異、書之道最明、許云一聲、不曰从一者、江沅說、形聲之字、取聲而義亦附、許言从某某亦聲者、舉其最明箸以見例、餘可推知、古文形聲必兼會意也、爾疋不律謂之筆、郭璞說蜀人呼筆爲不律、楊雄書同、育仁按聿古文原作聿、象手持所以書方策之物、後略變形作聿、加一作聿、篆文乃从又持巾之聿、古聿今筆、原其用是一物、制此字不畫成其物者、由作書之物、其制不一、殺青者不可以書漆、書漆者不可以殺青、非如今之有式、故不得畫成其物、

畫　界也象田四界聿所以畫之凡畫之屬皆从畫

指事也界界線猶象限也畫之義廣不專屬田界如論語今汝畫謂自限也攷工記繪畫之事亦謂繪畫之事必先立象限界線然後施采色制字獨象田四界者黃帝畫野分州其事最初三五相承首重經野遂上有徑溝上有畛洫上有涂澮上有道田之四界至明箸也故象田四界制爲界限字所謂俯觀法於地周禮曰申畫郊圻从聿古文聿聿所以畫之古書畫非二事也故說象形爲畫成其物

隶　及也从又从尾省又持尾者从後及之也凡隶之屬皆从隶

會意古文逮字凡言及者皆从後及之一人在前一人在後欲及之若持其尾然所謂尾其後也故制隶字从又持尾又所以持也此與逮字音義皆同漢言逮捕猶今公牘言跟緝从逮字再演爲隸

按尾从毛，當作𠂒，今作乇，說文無尒部，有仁謂乇尒尒古文三字，彖合爲一字，致形義統系不能共貫，髮說，拔也，乃乇古文，說老，从人髮化，非人毛，毳毛下垂，乃毛之正訓，尒郎尾之古文，

臤

堅也，从又，臣聲，讀若鏗鏘之鏗，古文以爲賢字，凡臤之屬皆从臤，

形聲也，从又，又，手也，手所以持物，持固者，堅之義，土部𡉘，从又持土，手持土爲堅，卽手握土字爲賢之初義，然𡉘乃古文，臤，秦文改制，乃取持臣節者爲賢，別自立說，易从土爲从臣，許君疑以傳疑，故於臤部下存古文義，但說从臣爲聲，而又箸之云古文以爲賢字，鏗，古音讀同堅，今讀科庚切，非古音，古人字少，但取音同，便相假借，以賢同堅聲，故以臤爲賢字，書曰優臤揚歷，漢校官碑，親臤寶智，袁良碑，優臤之寵，皆用古文假借，是爲依聲託事，

臣

牽也，事君也，象屈服之形，凡臣之屬皆从臣，

象形也。篆文變古文體，與女同意。牽者，牽制於人也，事君之義，受命於君，無得自專。書曰臣無有作福作威。易曰妻道也，臣道也。女、臣，亦人也，非別有形可象，秦文改制，卑臣抑女，緣附古義，[seal glyph]畫爲柔曲，臣畫爲屈服。許君就文立義，故說象屈服之形，班固說臣者纏也，屬志自堅固也，亦卽此義。育仁按：鐘鼎汗簡古文女作[seal glyph]，臣作[seal glyph]，均从人，女畫腹懷孕，臣从反身之月省也。[seal glyph]字卽从女指事，故孕爲有身。

殳

以杸殊人也。禮，殳以積竹八觚，長丈二尺，建於兵車，旅賁以先驅。从又几聲。凡殳之屬皆从殳。

形聲也。杸，軍中士所持殳也。殳本義爲以杸殊人，非積竹八觚之兵杖，故从又。又，所以殊人。劉熙說殳，殊也，有所撞挃於車上，使殊離也。其兵杖字本作杸，从木殳。司馬法曰執羽从杸，其物以積竹，然从木者，古用木，周从竹，不同也。初以其用以殊人也，命之曰殳，後遂竟以殳名其物，猶剝取獸革者謂之皮，因遂謂獸革之剝取者爲皮也，今呼弓爲挽，呼丸爲彈，義正如此，故許君先明本義，復舉殳爲之制於下，禮即周禮，殳以積竹合成之，八觚，八方有稜也，鄭康成說，凡矜八觚，考工記，殳長尋有四尺，周禮旅賁氏掌執戈盾，夾王車而走，

殺

戮也，从殳，杀聲，凡殺之屬皆从殺，

會意也，非形聲，本當作殳杀，誤衍聲字，殳殊也，殺人令身首殊異，故从殳，徐鉉曰，說文無杀字，張參曰杀古殺字，是也，育仁按部下重文𣏂即杀，夏竦書出杀字云，出說文，知今篆爲轉寫小變，又重文𣪘，上从从乂，古文杀，蓋从从乂省，乂交也，謂兵刃相交下从朩，說文有彔無彔字，豕爲乂手，義从彔受，然即古文殺，迭加乂再加交，小篆乃加殳矣，

几

鳥之短羽飛几几也，象形，讀若殊，凡几之屬皆从几，

几，

几去其下長羽也、故以爲短羽、羽短則飛之聲几几然、此與芇爲羊角、虍爲虎文、彑爲豕頭同例、朩先有鳥羊虎彘象形、因取其半體爲字、故亦象形也、

十分也、人手卻一寸動𧗵謂之寸口、从又从一、凡寸之屬皆从寸、

指事也、寸度之十分、其文从手者、人手卻一寸爲動𧗵處、當度之十分、謂之寸口、故从又从一者、指其處也、猶刃从刃、井从井、以指其處、是爲指事、鄭重目爲處事、寸从又、尺从尸、丈从大、是爲近取諸身、班固說度別於分、忖別於寸、故凡取法度字从寸、

剝取獸革者謂之皮、从又、爲省聲、凡皮之屬皆从皮、

形聲也、皮之本義、猶披析也、剝取獸革者、謂之皮、猶獸皮治去其毛曰革、朮、分莖皮也、本制字以

明其事、故从又、又手也、所以剝取獸革、後因以名、所取之物、國策及司馬遷書、皮面抉眼、是皮本義、从爲省聲、厥義不可得而說、肓仁按、𠃜、卽古文𠙴、之變形、又古文皮作𠬛、三體雖不同、而文皆相似、可得而識、篆文爲、乃从古文皮、說字相承、因誤以爲皮从爲省矣、

㼱　柔韋也、从北、从皮省、从夐省、讀若耎、一曰若儁、凡㼱之屬皆从㼱、

韋、可用之皮也、柔治之使柔、按卽尙書鳥獸氄毛之氄、汗簡作𢊁、古本作琕、一作𧞶、復出古文作𡰯、籀文作𤿺、又尸部𡰪下說、柔皮也、莊述祖說、𡰪卽㼱字、尸當爲皮省、肓仁謂篆文从尸之字、如尾𡱂等字、皆从古文皮、只作𠃜、加又卽爲治皮、篆乃以加又者爲皮、而更演加乂爲柔皮字、再演複體爲㼱、从北無義可說、从皮省、謂下𡰪、而傳寫形譌、从夐於義無取、而與耎雙聲、與儁疊韻、許君闕疑載疑、今證以古籀、知从北乃从𠃜、纏寫移在上、从四者、非夐省、卽古文𠃜、橫書作𠙴、爲字从此、乃因古

文之㕯字叚字、而緟複合併爲之、卽古𡿪字、今之輭字、毦毛亦卽輭毛也、

攴

小擊也、从又卜聲、凡攴之屬皆从攴、

形聲也、小擊古謂之撻、糾禮者、手舉短杖、拍朴其身以示罰、禮有撍朴、學校有不率者、亦以朴責威之、書、扑作敎刑、扑卽攴、周禮有觥撻之事、觥者罰飲、撻卽朴也、隸變又从才、又移於左旁、自漢石經卽如此、故經傳不用攴字、許書不收扑字、

敎

上所施下所效也、从攴从孝、凡敎之屬皆从敎、

會意也、立敎之初義、父敎其子、子效其父、故周禮曰、至德以孝爲本、孝經曰、夫孝德之本也、敎之所由生也、故於文子承考爲孝、卽學字之古義、又舉杖爲父、卽攴作敎刑之原理、上所施、故从攴、下所效、故从孝、孝、效也、上施下效、敎之義備矣、

卜

灼剝龜也、象灸龜之形、一曰象龜兆之縱橫也、凡

卜之屬皆从卜、

古者卜必用龜、禮記曰、龜爲卜、筴爲筮、非用龜者、雖占吉凶不名爲卜也、故卜專取象灸龜之形、剝裂也、周禮以楚焞灼龜、象灸龜之形、古文說也、古文作卜、象龜兆之縱橫、篆文說也、丨象縱、一象橫、許君据篆文立部居統系、而注重古文說於重文別出古文之字、隨處可以推見、

用

可施行也、从卜从中、衛宏說、凡用之屬皆从用、

會意也、施行、謂諸行事、卽體用之用、按鐘鼎古文字體作用、篆文字體作用、隸書作用、皆不从中、許引衛說从卜中、蓋篆有作用形者、疑以傳疑、育仁謂用乃古文庸字、卽古文鏞字、大鐘謂之庸、古只作用、象形、庸用同義、卽爲一字、故帝典、徵庸、庸違皆用字、至臯陶謨、始有書用識哉、別爲用字、蓋後來孳乳分別以財用字作用、備周等字从之、而增彐象横又增广象屋、爲庸、增八象紐爲甬、勇、俑等字从之、鐘庸之字義爲行用者、囟釜鐘之量名起義也、

爻 交也象易六爻頭交也凡爻之屬皆从爻、

會意、莊述祖說从重乂、乂古文五、立算之爻線、故說爻午也、文下說錯畫也、象交文、伏戲十言之教、開文字之先、由數以生象、故交錯相畫爲乂、四而重之曰爻、氣動而後交、數動而有象、爻以象天下之動、故說爻爲爻易曰、道有變動故曰爻、爻有等、故曰物、物相雜、故曰文、育仁按、文上亼乃宂字之上體、人頭也、古文作[illegible]中从心、人文也、爻者天地之文也、故从卦爻乃生文字、許說象易六爻頭交、明轉注之義、謂人文之交則頭不交、爻象之義與文同意、而象取頭交也、以一象三、象卦有上下內外之爻、易曰因而重之、爻在其中矣、

㸚 二爻也凡㸚之屬皆从㸚、

會意也、易曰、爻也者、效天下之動者也、爻有等故曰物、天成之物、與人制之器、皆由動而生、部下所統爾爽二字、取文明之意、爾下說、㸚其孔㸚㸚然、㸚謂麗廔開明也、莊述祖說古文爾字、育仁謂其

孔𤕟𤕟，卽其孔離，離此與珏絫皕同例，詛具於形，形見於詛，

第四

𥄎 舉目使人也，从攴从目，讀若颰，凡𥄎之屬皆从𥄎，

會意也，段玉裁說，卽古文眴字，攴猶警動也，舉目使人，卽動目使人，故从攴从目，按讀若颰，卽俗書瞥正字，

目 人眼，象形，重童子也，凡目之屬皆从目

說解與足下說同，因篆改古文別自立說，故實指其物，乃釋篆文之義，示與古文有異，目古文作𥃦，乃正象形，篆文改作〇中加二，不能惟肖，乃指謂其中二象重童子，目至明者有重童子，王充說，舜目重童子，司馬遷書，項羽亦重瞳子，目主明，故舉至明以爲象，

·

䀠 左右視也，从二目，讀若拘，又若良士瞿瞿，凡䀠之

屬皆从目目。

會意也、卽古文瞿字、後演瞿字、不用目目字、許君聞疑載疑、故讀若、引詩以存古文之義、二目、左右目、目之官、專於視、故訓爲左右視、詩、狂夫瞿瞿、禮、曾子聞之瞿然、莊子書、瞿瞿然驚瞿下說、鷹隼之視也、鷹隼之視疾、驚視者疾視、瞿乃目目之後出複體、故古文懼作愳、从目目、不从瞿、

眉

目上毛也、从目象眉之形、上象頟理也、凡𥄕之屬皆从𥄕、

象形合體也、上仌象頟理、下从目、中畫𥄕之形、亦指其處、在頟下目上、與亦意同、旣从目猶得爲象形者、目亦畫成其物也、古文作𦣻、作𦣹、亦合體象形、

盾

瞂也、所以扞身蔽目、象形、凡盾之屬皆从盾、

瞂下說、盾也、詩、蒙伐有苑、伐卽瞂之借、毛傳伐、干也、所以蔽目、故从目、合體象形、篆文義也、育仁按、

盾古文當爲𡇒、莊述祖引据鐘鼎文作𦣝、亦變體作囟、又體作𡿺、𡿺、𦣝、皆从目指事、盾以自蔽、使人不見、窗亦以蔽人見、故古文盾𡇒同字、作𦣝、篆文改徂別从目作盾、上半體遂不可說、又从古文變體囧、書作囧、別爲窗牖字、

自

鼻也、象鼻形、凡自之屬皆从自、

象鼻形、存古文說也、古文作𦣞、作𦣞、形變作𦣞、再變作白、或書作自、篆衍複體形聲、乃作鼻、此與彐同例、彐象手、本爲手字、𦥑象鼻、本爲鼻字、有自字復有鼻字、猶有又字、復有手字、人之受體、鼻先成形、故以自爲始、始祖曰鼻祖、始生子曰鼻子、有自有身、始有己、故以爲自己、

白

此亦自字也、省自者、詞言之氣、从鼻出、與口相助也、凡白之屬皆从白、

會意也、此亦自字、謂即自字而省中一、省一則下成川字、自鼻也、鼻司出納气、詞者、意內而言外、言

从口出亦气也然人出言鼻必出气與口相助始以成聲故鼻塞者其聲不清制言詞之字从自省論語曰出詞气此亦就篆文立說其實卽古文Δ之異形

鼻引气自畀也从自畀凡鼻之屬皆从鼻

會意也人之受體鼻先成形故又以自爲己自卽鼻又从自畀會意制爲鼻字者猶采卽古文殺又加殳共卽古文拱又加手會意皆篆文後出字鼻所以引气出入而取引气自畀者鼻能引气出口亦能引气出惟引气自畀乃專主於鼻之官故从自畀老子天食人以五气从鼻入

皕二百也讀若秘凡皕之屬皆从皕

會意也百十十也數協於十十復進爲一積十十而成百復歸於一故从一白爲百白亦自字以一自乘也許說百白也可宣白於人蓋从篆說皕从二百卽形爲義與玨叒叕䖵同例不入白部別立部首者以奭字从皕

習 數飛也、从羽从白凡習之屬皆从習、

形聲也、鳥初生羽、未能飛遠、數數振羽學飛也、从白者、古文智字、猶云羽之智識也、許君厠此部於白鼻皕部之後、蓋亦存古文之說、从自己取義、有仁謂自己之白、白當作A、宣白之白、乃作白、智字从白應兼兩義、猶云自己明白、兩誼相通、篆因合爲一字、禮記、鷹乃學習、是習之本義、其用爲練習字、亦取譬於鳥之數數學飛、論語學而時習之、何晏說、習如鳥數飛也、

羽 鳥長毛也、象形、凡羽之屬皆从羽、

長毛、别茸毛言之、鳥毛之長者、莫長於翼、故象鳥翼側爲羽字、巛畫鳥翼之形、三畫其羽長毛也、亦手之列多略不過三之意、鳥翼必雙、故並乁、原制字之初、書畫非二事、故說象形爲畫成其物、隨體詰屈也、

隹 鳥之短尾總名也、象形、凡隹之屬皆从隹、

長尾爲鳥、短尾爲隹、鳥性之鷙者多短尾、故隼从隹、凡鳥之尾短者、頭重尾輕、立樹必昂首、恐傾墮也、故畫爲戢羽昂首之形、亦象其猛鷙、

奞 鳥張毛羽自奮也、从大从隹、讀若睢、凡奞之屬皆从奞、

會意也、鳥戢羽則形小、張羽則形大、故字从大、奮翬也、翬、大飛也、詩、不能奮飛、毛說爲奮翼、卽此說張毛羽自奮也、爾雅、雞雉大絕有力曰奮、鳥張毛羽以作力而飛、形似有力、故絕有力亦曰奮然卽古文奮字、說讀若睢者、古文字少、亦借爲睢、

雈 鴟屬、从隹、从𦫳、有毛角、所鳴其民有旤、讀若和、凡雈之屬皆从雈、

鴟、鵂也、爾雅、萑、老兔、郭璞說、木兔也、似鴟鵂而小、兔頭、有毛角、毛角、謂頭上生簇毛、形如角、兔頭謂

簇毛豎起、形似角、亦似兔耳也、𦫳、羊角也、以象雈有毛角、其鳥短尾、故从隹、所鳴其民有旤、謂聲不祥、人所忌、聲讀若和、常若桓、云和者、合韻也、

羊角也、象形、讀若乖、凡𦫳之屬皆从𦫳、

顧野王說、𦫳、羋兩角皃、許專謂羋角、於羋字知之、然羋下說从𦫳、似謂先有𦫳字、而羋字从之、肯仁謂、當由先制羋字象形、後取其𦫳以爲羋角字、猶先有虎字象形、取其半體以爲虎文字、先有豕字象形、取其半體以爲豕頭字、先制鳥字象形、後去其下以爲短羽字、先制冂字象形、後去其上畫爲張口字、羋字象羋通體、下象四足與尾、上象頭角、專取上體爲字、則立部首者、原古制从角之字、多取𦫳角爲形、乖戾之字又取𦫳角爲義也、

目不正也、从𦫳从目、莧从此、讀若末、凡苜之屬皆从苜、

會意也、古文蔑字、目不正、目旁視蔑如也、孫恤説、丫丫羊角開皃、開則兩歧向外、莧者古文寬字、末蔑雙聲、古同一讀、目光斜射、則所見境寬、

羊

祥也、从丫象頭角足尾之形、孔子曰、牛羊之字、以形舉也、凡羊之屬皆从羊、

羊祥也、與馬武也、牛件也、同例、羊性善、善故祥也、牛訓大牲、羊不訓次牲者、由从牛之字、如牛件等皆取大義、故以大牲釋之、以明从牛之字取義於大之恉、从羊之字取義於祥、美、善、義、从羊、猶半、物件、从牛、是爲遠取諸物、引孔子曰、說象形、與犬下引同、丫象頭角、四旁象足、下象尾、

羴

羊臭也、从三羊、凡羴之屬皆从羴、

會意也、古文羶字、凡物聚多則气盛、羊臭羶、故从三羊爲羴字、三者、多也、亦手之列多略不過三之意、雔从二隹、㹜从二犬、麤从三鹿、猋从三犬、聖人制字、盡物之性、與物之情狀、

瞿 鷹隼之視也、从隹、从䀠、䀠亦聲、讀若章句之句、凡瞿之屬皆从瞿、

會意也、䀠、左右視也、鷹隼皆短尾鳥、故从䀠从隹、說爲鷹隼之視、鷹隼之視疾、凡驚視字取譬用此、詩、狂夫瞿瞿、毛說無守之皃、良士瞿瞿、毛說顧禮義也、禮記、曾子聞之、瞿然、莊子瞿瞿然驚、皆驚顧之義、

雔 雙鳥也、从二隹、讀若醻、凡雔之屬皆从雔、

凡鳥之短尾者性多鷙、詩關關雎鳩、毛傳說性鷙而有別、鄭康成說、鷙之言至也、王雎之鳥雄雌情意至也、育仁按、鳥之雄雌情意至者、性多鷙、鷙猶至也、於義實相足、故雔从二隹、讐从言从雔、雔匹雔怨一義引伸、劉向說校讎、如怨家相對、今俗語猶謂雔家爲對家、對即雔匹之義、無容分雔匹始作雔、雔怨當作雔也、故爾雅、仇、雔、敵、配、知、儀、匹也、左傳、佳耦曰妃、怨耦曰仇、

雥羣鳥也从三隹凡雥之屬皆从雥

會意也古文襍字鳥羣則躁其聲嘈雜三人爲从三口爲品三屮爲芔三馬爲驫故从三隹訓爲羣鳥三則成羣亦手之列多略不過三也集襍雜古今字

鳥長尾禽總名也象形鳥之足似匕从匕凡鳥之屬皆从鳥

隹鳥之短尾者總名鳥長尾禽總名其別在尾統言則鳥獸皆謂禽厹部下說禽走獸總名禮記猩猩能言不離禽獸析言則禽專謂鳥爾雅二足而羽謂之禽鳥之足似匕故象匕形畫爲鳥足鳥足二而畫一者緣象匕形匕以雙爲一故鳥足象匕形以一貶二猶能鹿足以二貶四也

烏孝鳥也象形孔子曰烏盱呼也取其助气故以爲烏呼凡烏之屬皆从烏

此與芇同意、芇因芊字去其下二畫、烏因烏字去其中一注、皆謂象形、一目睛也、烏純黑、不見其目睛、楊子青烏反哺、故謂之孝烏、孔鮒說、純黑而反哺者謂之烏、引孔子說、明假借也、盱呼長呼也、

華 箕屬、所以推糞之器也、象形、官溥說、凡華之屬皆从華

象形、卽古文畢字、竹編之器、用此推棄塵穢者也、古人朴拙、但編竹爲方、後有柄、以爲糞除之器、後因之更制爲箕、華形與箕小異、而用與箕同、故曰箕屬、今南方江浙之間、箕有柄、

冓 交積材也、象對交之形、凡冓之屬皆从冓

會意也、高誘說、構架也、材木相乘架也、交積材、卽材木相乘架、淮南書構卽冓之借、凡竹木通可曰材、華編竹之器、積材於地、及冓材爲屋、縱橫交加形與編竹相似、本从二華、中省一、反正相對、以象對交之形、

幺 小也，象子初生之形，凡幺之屬皆从幺。

𠫓下説：到子也。朱駿聲説：當象初生之象，子初生首先下，故爲到子，子非謂不順子，幺象子初生之形。育仁按：亦从到子，兩手卷曲向上之形，下凸象首，上出象足，中象兩手，而畫爲卷曲向上，不見手形。到子，初生子也，子初生，首在下，兩手卷曲附體，形正如此，子初生至小，又不見手，則愈形其小，制以爲幺字，是爲近取諸身。

𢆶 微也，从二幺，凡𢆶之屬皆从𢆶。

會意也，古文幾字，微，眇也，幾，亦訓微，虞翻説：幾，神妙也。育仁按：細微，與隱微，微妙，三義相通，凡物之細微者，則隱微不見，眇，卽妙字，道始於微，人所不見，故爲微妙，禮記曰：君子之道費而隱。易曰：幾者動之微，吉凶之先見者也。劉歆説：孔子没而微言絶，幺，小也，二幺，則小之又小，故制以爲𢆶，又假借爲幽宗。

【叀】專小謹也从幺省中財見也中亦聲凡叀之屬皆从叀

象事許說爲會意專小謹三字連文猶云專專小謹與延下說安步延延同詞卽古文專字亦卽轉字篆文改就惠字之義說迂回而難通按字體當作叀从車畫𠙵象軸以指其事所謂象事遠取諸物三十輻共一轂以軸爲轄所以制車故義爲貞專專壹卽專專自謹也

【玄】幽遠也黑而有赤色者爲玄象幽而入覆之也凡玄之屬皆从玄

高誘說玄天也天則至幽微高遠老子玄之又玄亦謂其道至幽遠象幽謂𠫓𠫓小也小則幽隱不見所謂微妙入而覆之則幽深之至亦凡物遠則小故从入覆𠫓以爲幽遠字周官爾雅染五入爲緅七入爲緇鄭康成說玄色者在緅緇之閒按緅深赤色許書作纔纔微黑依鄭說六入爲玄則深

於赤微黑之緅淺於純黑之緇正與許君黑而赤色之解合緇爲純黑玄近於緇禮家說緇布衣爲玄端足證其色相類眾色以黑爲極幽遠不辨眾色皆黑故本義幽遠又以爲六入之色字

推予也象相予之形凡予之屬皆从予

指事先鄭所謂處事班固說爲象事遠取諸物以明人事推予者自此施於彼之謂與下說黨與也从舁从与余樾說推予當作與黨與當作予二篆說解當互易育仁謂予與音同而義相引經傳凡推予字予與互用凡黨與字皆作與不作予其義則實互明詩維予與女論語曰吾與點也左傳與國義本爲黨與而推予義在其中荀卿書內不阿親賢者是予義本爲推予而黨與義在其中其餘經傳所用予與字義俱相成凡推予者自此推於彼卽黨與之義凡黨與者推已合於人卽推予之義許說予爲推予象相予之形者於幻相反得義幻篆體作8說相詐惑也周書無或譸張爲幻8義古文環字字形作8象環之形予从8人推而出之故爲推予幻从反予象推而入之倉頡制字牉

而下行下爲內上爲外故易卦下體爲內卦上體爲外卦也推以予人則爲公反而自予則爲私爲私者自營於己必詐惑於人故反予爲幻韓非說倉頡造字自環爲厶八厶爲公推環爲予反予爲幻同意互證是爲轉注予本推予經傳通借爲予我之予予者對人而稱古謂自稱亦云施身自謂然予我之予正與本義相通今分平上古無二音故楚詞稱予皆讀若與爾雅台朕賚畀卜陽同訓予也

放

逐也从攴方聲凡放之屬皆从放

形聲也攴小擊也警動之意敎从攴放亦从攴禮記不變移之郊不變移之遂不變屛之遠方古者制流宥之刑屛之四方亦以不屑敎爲敎也

𠬪

物落上下相付也从爫从又讀若詩標有梅凡𠬪之屬皆从𠬪

會意也卽古文受字後增𠂊作受受授原只一字後又加手作授物落上下相付卽兼授受二義旣衍複體授受乃別以此爲摽落之摽詩摽有梅毛作標韓作芆芆卽受班固書食貨志野有餓芆鄭德說音藨有梅之藨是又借作藨析言草曰苓木曰落上从爪覆手也下从彐彐手也兩手上下相付本謂人取落之因以爲凡物零落之名凡草木落離樹墜地亦有上下相付之形於此取之所謂近取諸身

𣦼 殘穿也从又从歺歺讀若殘凡𣦼之屬皆从𣦼

會意歺𡿪骨之殘从彐手持之古者食肉用手燔炙皆連骨所謂貴者取貴骨賤者取賤骨惟羹胾乃用挾故取手持骨殘手持餘骨食已殘也故以爲殘穿字餐粲字从之孳乳

歺 𡿪骨之殘也从半冎讀若櫱岸之櫱凡歺之屬皆从歺殘當作𣧒說禽獸食餘

會意也。冽，分解也。冎，剔人肉置其骨。骨者，肉之覈。人生則骨肉相附不離，故骨下有肉字。去其肉則爲冎，是爲剔肉置骨。又去上冖，則骨不完，是骨之殘也。三字相因見義，故古文歺蓋从古文冎。

澌也。人所離也。从歺从人。凡死之屬皆从死。

會意也。澌，水索也。楊雄說：澌，索也。盡也。澌本義爲水盡，因爲凡盡之名。死者，人之盡也，故取澌爲訓。人所離，謂形神骨肉相離也。死、澌，離疊韻。歺者，冽骨之殘，人死則形殘。

剔人肉置其骨也。象形，頭隆骨也。凡冎之屬皆从冎。

會意，即古文剮字。剔，解也。骨有肉相附，人之生則然。冎字从骨，去其下肉，則殘毀不完，故爲剔人肉置其骨。周禮有膊之辜之之刑，屈原書：雖體解吾猶未悔。王逸說爲支解，然冎即今之剮，蓋刑之極重者，當今淩遲。列子：炎人之國，其親戚死，冎其肉而棄之。頭隆骨，頭骨隆起也。許君說此字爲象形。

者、存古文之說也、古文骨字蓋不从冎、上冎、即象頭骨隆之形、下八象肩髃也、人之骨多、不能偏象、頭爲人身骨多處、故畫其形、篆文增複體爲骨、更以古文、冎爲剮、

肉之覈也、从冎有肉、凡骨之屬皆从骨、

會意也、覈實也、周禮、上陵其植物宜覈物、鄭康成說核物、梅李之屬、詩、肴核維旅、肉曰肴、骨曰核、蔡邕引作覈、然覈古字、核今字、人身肉外而骨內、肉之核、猶果之核、說骨从冎、與說羊从𦍌同意、然冎說象形、即古文骨、篆乃从而增肉、

胾肉、象形、凡肉之屬皆从肉

胾下說、大臠也、謂鳥獸之肉、此說肉爲胾肉、統謂人身肉肥厚處、統言厚薄俱稱、析言則薄處爲肌、厚處爲肉、許於篆文明本義、說解用通詞也、爾雅、肉好、禮記、廉肉、皆引伸取譬爲厚處、人身肉外而骨內、外象肉肌之形、中亦象骨、

筋　肉之力也、从力从肉从竹、竹物之多筋者、凡筋之屬皆从筋、

會意也、力下說、筋也、人身肉無力、骨有力、筋以束骨、故人力在筋、然不得離肉言之、故从肉、筋者人身之物、取於竹者、所謂遠取諸物、

刀　兵也、象形、凡刀之屬皆从刀、

古謂干戈刀劍之屬爲兵、今謂師旅卒伍爲兵、刀者兵器之始、故以兵釋刀、舉大名釋細名也、上象柄、下象刀背面之形、徐鍇說、刀背與刃也、刃卽刀口、

刃　刀堅也、象刀有刃之形、凡刃之屬皆从刃、

指事、从刀、以指刃之處、故說象刀有刃之形、不直謂象形、段玉裁說、堅當作鑒、鑒下說、剟也、剟下說、刀劍刃也、刀鑒謂刀鋒、今日刀口、與寸与等字同例、人手卻一寸爲寸口、故从手、其下識寸之

所在以爲寸字，刃从刀，右紬象刃背，左爲刃居處，故从刀、其左識刃之所在以爲刃字，凡指事俱眂此例。

㓞

巧㓞也，从刀，丯聲，凡㓞之屬皆从㓞。

會意亦兼聲，古文契字，即鍥字，巧㓞，古語謂刻劃之工也，刀所以施巧㓞者，从丯，刻鏤莎文也，部屬文契下說刮也，栔下說刻也，爾雅，契滅殄絕也，今江東呼刻斷物爲栔斷，篆於書契加刀，又於栔木加木，然契栔當作㓞，詩，爰契我龜，契開也，班固引作挈，古用書刀刻版簡作字，故謂書契。

丯

艸蔡也，象艸生之散亂也，讀若介，凡丯之屬皆从丯。

丯、

蔡下說云艸丯也，孟子，君之視臣如土芥，趙岐說芥，草芥也，楊雄書，蘇芥草也，自關而西曰草，或曰芥，然草蔡即艸丯，艸丯即草芥也，古刻鏤器物皆作莎文，故鄭說莎尊，謂莎莎然。

耒手耕曲木也从木推丰古者垂作耒耜以振民也凡耒之屬皆从耒

會意也手耕曲木謂把持以耕之犂也考工記車人爲耒庛長尺有一寸中直者三尺有三寸上句者二尺有二寸自其庛緣其外以至於首以弦其內六尺有六寸鄭康成說庛讀爲棘刺之刺育仁按庛卽耜之異文亦同音之借京房說耜耒下耓也耒耜上句曲木也許耜作梠說耒耑也許說耒耑卽京說耒下耓許說曲木卽京說耜上句曲木然耒耑謂中直上句者其下利者謂之耜古初作耒耜皆用木爲之未用金也未梁益間謂犂寬垂作耒耜敎民振作故曰振民推去草丰始可播種故从木从丰以爲耒字

角獸角也象形角與刀魚相似凡角之屬皆从角

古文作𧢲作𧢳皆畫角形篆文變體此主篆文說謂角字形似刀亦似魚如龜頭似蛇頭虎足似人

足之例，故取刀魚兩誼，合體象形，上从刀，下从魚省，刀魚二字俱象形，从刀魚，實取兩形相似，故定爲會意。一説當从刀从肉，刀以象角形，从肉者，角之生附於肉也，與骨同意，亦通。

共四本

說文部首

（二）

說文解字部首上

富順宋育仁箋

第五

竹 冬生艸也象形下垂者箬箬也凡竹之屬皆从竹

冬生艸艸謂在冬猶生不凋落禮記如竹箭之有筠也貫四時而不改柯易葉山海經其艸多竹爾雅竹亦在釋艸然古謂竹屬艸類此當从反艸凡艸枝莖皆上出獨竹箬箬下垂故从反艸制爲竹字許不主會意者象形爲畫畫成其物隨體詰屈原初制字書畫無二字有同形異謂如畫之移步换形艸从二屮屮本象形此雖从反艸實畫箬箬之形故說爲象形也今畫家畫竹猶畫个字

箕 簸也从竹𠀠象形下其丌也凡箕之屬皆从箕

會意也簸下說揚米去糠也箕乃簸揚受坐之器以簸釋箕者引申之義因以明用字之法簸本以

名事、因以名物、猶謂刀爲切、謂丸爲彈、謂竈爲煁、之例也、今方俗猶謂簸箕或專曰簸、从竹者、竹編之器、甘、即古文箕字、象箕之形、丌、下基也、所以薦物、箕用以簸、則下有丌以薦之、今農具猶如此、故曰下其丌也、古文丌即其字、甘即箕字、複體合甘丌爲一字、小篆从古文複體、又加竹爲箕、

丌 下基也、薦物之丌、象形、讀若箕同、凡丌之屬皆从丌、

止下說、下基也、此亦釋爲下基、薦物之具、下有腳象如人腳所立止、基止即是基址、基古文正作丌、象上平下有足之形、變體作丌、晚出複體加甘作其、再加土作基、別以爲基址字、丌爲最初之文、甘乃漸孳之字、複體从甘箸丌、作其、爲薦物之丌、箕簸、基址、統用此字、因省上體、借丌爲箕、許君雖从篆分部、特重古文遠流、故於丌下溝通古今音義、讀若箕同者、擬其音並擬其義也、鄭康成說經言某讀爲某者、多即易字爲訓、許說讀若、多同鄭君讀爲、

左手相左助也从ナ工凡左之屬皆从左

會意也手相左助謂相輔佐爲助卽今佐字ナ左手也ナ爲左手者人身又手適用象天又旋ナ手不適用但象其左助而已左爲手相左助故說从ナ从工者工下說象人有規矩是左助之義故从ナ工制爲佐輔字是謂近取諸身

工巧飾也象人有規榘也與巫同意凡工之屬皆从工

會意也飾㕞也段玉裁說飾拭古今字不作文飾解育仁按修潔謂之飾施文采亦謂之飾物潔質然後可加文㕞飾與文飾一意相因不必別爲二義古文工作𢀩說爲巧飾依古文爲訓彡下說毛飾畫文𦘔下說𦘔飾也𢀩从彡故訓爲巧飾巧於絜飾文飾工之能事也工之命名本取工於其事爲義故巧飾爲工規榘者周髀之圖出於方方出於矩工畫兩矩相併故說象人有規榘工作必以

規矩、巫𡈼祀神、周旋中規、折旋中矩、故亦象有規矩、制字之初、迹類畢似、同取工以為形、所謂建類一首、𢀩从工、而中象畫飾、巫从工、而中象褎舞、舞褎之周旋折旋、中於規榘、猶畫飾匠作之中於規矩也、是為同意相受、凡許說同意、即說轉注、𢦏之與𡙈、爾之與爽、𣿍之與瀸、譱之與美、義、𢸙之與毀、芊之與羊、美之與善、𦍌之與𠷎、𢾾之與鼓、䜺之與俎、臺之與室、屋、勺之與包、與之與予、官之與𠂤、乙之與丨、𠬪之與巫、午之與矢、皿之與豆、高之與倉舍、䜌之與連、弄之與丞、䶂之與𥰹、文、学、非之與𠀠、朵之與朵、𣑛之與庶、皆為同意相受、

㠭

極巧視之也、从四工、凡㠭之屬皆从㠭、

會意也、極巧視之、猶云極工巧之觀、工為巧飾、㠭从四工、故為極巧、𡙈下說㠭猶齊也、今人每謂工整、从四工、則整齊之極也

巫

祝也、女能事無形、以舞降神者也、象人兩褎舞形、

與工同意、古者巫咸初作巫、凡巫之屬皆从巫、
會意也、祝、祭贊辭者、周禮祝與巫分職、說巫爲祝者、巫司祝禱之事、亦主贊以事神、周禮女巫無數、旱暵則舞雩、象人兩褎舞形、謂以巫又主以舞降神、故象其舞褎形、與工同意、亦本古文𢒈爲說、𢒈巫皆从工、象有規榘、𢒈取於巧飾、故从彡、巫取舞降神、故畫爲兩褎、有規矩、亦整齊之謂、巫與工雖殊事、要俱取規矩整齊以善其事、故制字巫與𢒈同意、

甘

美也、从口含一、一、道也、凡甘之屬皆从甘、
會意也、萬物本於土、土居中央運五行、尚書云、土爰稼穡、稼穡作甘、甘雖五味之一、實五味之本、故凡味美皆曰甘、老子曰、地食人以五味、从口入、明五味出於地、故甘爲五味之長、从口含一、與音从言含一同意、音發於外、故从言含一、甘納於中、故从口含一、一、道也、五味之和得其道爲甘美、今人猶言味道、

美也、从甘、匕聲、凡旨之屬皆从旨、

形聲兼會意、匕以取甘、甘味知其旨、古文从千、與古文仁从千心同意、猶今言百口同味、

詞也、从口、乙聲、亦象口气出也、凡曰之屬皆从曰、

指事也、與只同意、詞者意內而言外、詞之類多也、曰可駭衆詞、析言則曰爲詞之引端、爾雅粵於爰曰也、只下說象气下引以爲語已詞、曰象口气上出、謂口气引而上出、以爲語發詞、詞者意在內而气以出之、气上出則有詞、气下引則語止、

曳詞之難也、象气之出難、凡乃之屬皆从乃、

指事也、气雖有形、然變動不可爲象、且詞外雖主气而意內、專取象象气無以明之、故象象气又詰屈以象曳、曳詞之難、即形即事、所謂視而可識、察而見意、曳詞猶曳轉其詞、春秋公羊傳、而者何、難也、乃者何、難也、曷爲或言而、或言乃、乃難乎而也、何注、言乃者、內而深、而者、外而淺、凡經傳用爲轉詞者本

乃字、用爲發端詞者、本迺字、迺、篆作廼、驚聲也、與
乃異字異義、然取音同義亦相通借、故爾雅、仍迺
侯乃也、此與丨乙同意、所謂同意相受轉注者、制
字之緯也、以彼推此以此推彼、丨、上下通也、故畫
直、乙、气出難也、故畫詰屈、
乃、曳詞之難也、故重屈也、

丂

气欲舒出、勹上礙於一也、丂、古文以爲亏字、又以
爲巧字、凡丂之屬皆从丂、

指事也、勹、象气欲舒、一在其上、所以礙之不得舒
出也、此說字形而義卽見、故不易字而訓也、此篆
說殊曲古文一在上爲天、謂天光下行、气舒于也、故
曰以爲亏字、丂與亏、古今字、亦古从一者、篆文皆
从二之例、文以爲巧字者、巧謂攻工、
義取考察工拙良楛、故卽以丂爲巧、

可

肎也、从口丂、丂亦聲、凡可之屬皆从可、

肎下說、骨間肉肎肎箸也、肎字从骨去其上、明骨
與肉交際處、骨肉之交際間、合箸而牢固、凡事理

不可則相乖違、可則相合附、故說可爲肎、从丂、丂下說、反丂也、讀若呵、不傳其義、丂下說、气欲舒出、上礙於一、然反丂爲丂、卽不礙之義、按古文誼、則舒丂字作丂、反丂卽不舒丂、以爲攷、攴字、其體別甚微、轉寫易掍、故篆文互易其說、改可从反丂、而攷字偏旁仍作丂、攴字上體掍於乚、反可則爲叵也、从口者、可於心、必出於口、意內而言外、

兮 語所稽也、从丂、八象气越亏也、凡兮之屬皆从兮、

會意也、稽、留止也、語所稽、謂人語至此音則稽留少駐也、从丂、丂、氣欲舒出、上礙於一、礙則氣於此稽留不進、越亏、揚也、上从八、八、別也、人語音至此稽留、則上言下言於此分別、凡今謂語助、皆古人口語、俗云口腔、未有文字、先有聲音、語言中間、各有从口號、有緣其音制爲字者、兮、哉、只、乎、是也、有有音無字、假用於別字者、之也、而、焉、之類是也、

号 痛聲也、从口在丂上、凡号之屬皆从号、

會意也、痛聲、哭聲也、凡号哭字本作号、不作號、號嘑也、从号从虎、易曰號咷、本當作号、禮記登屋而號、始正作號、凡人喜則聲易出、号則聲難出、丂者气欲舒出、上礙於一、是難出意、難出而必出之、故从口在丂上、以爲号字、

亏 於也、象气之舒亏、从丂从一、一者其气之平也、凡亏之屬皆从亏、

於者、烏之古文、又重文𣃔、蓋象烏羣飛之形、隸作於、從而省也、烏下說引孔子曰、烏亏呼也、取其助气、故以爲嗚呼、於本孝烏之名、以其鳴發聲舒亏、人將發言、先發歎以舒其气、似之、故發言之始、遂以烏呼爲稱、因之凡詞中欲引而長之气、於此當舒亏者、都取爲助、以其發聲气舒亏、因以爲舒亏之詞、猶來之爲行來、朋之爲朋黨、西之爲東西、雖本假借、實緣最初命名取譬之義、引而伸之、語言者、文字之先、文字者、語言之寄、行之既久、來遂專爲行來、朋遂專爲朋黨、西遂專爲東西、於亦遂專

爲語辭之用故說亏於也凡詩書多用于他經傳多用於爾雅毛詩傳皆曰亏於也亏象气之舒亏舒亏者舒而遠聞引而長之之謂其用在詞首者如于時處處于以求之于彼乎于此乎于從政乎何有之類皆意內詳審而詞外寬舒正與曰之發詞粵之審詞同意故爾雅粵于爰曰也許粵下說亏也寀慎之詞也用在詞中者如嬪于虞言至于漕亦流于淇鼓鐘于宮之類皆意內安詳而言外暢達故詩鄭康成說越亏也舒遠引長則含廣大之義故从于之字如芋下說大葉實根駭人吁下說驚呼也皆取大義左傳于越論語有是哉子之亏也皆从大解而爾雅那都亦訓亏也那多也都美也按古文只作亏篆从亏上增一即从古文增體曲爲說之謂一以平其氣則不凝而舒於也

喜樂也从壴从口凡喜之屬皆从喜

會意也禮記樂者樂也五聲八音所以樂人之心志故命之曰樂樂樂無異音亦無異字从壴壴者陳樂立而上見也外之樂即本內之樂立名故喜从壴从口者人情有樂於中必宣於口

壴陳樂立而上見也从屮从豆凡壴之屬皆从壴、

陳設鐘鼓、皆有筍簴、崇牙豎立、翹然上見、屮、艸木初生、枝莖可見、周禮攷工所謂、作其出而出者、崇牙之上出、而者須之下垂也、从豆者、段玉裁說、豆、豎也、豎、立也、豆有骹而直立、故取象陳樂、育仁按壴即古文鼓字、上見崇牙下有棥、中懸鼓也、

鼓郭也、春分之音、萬物郭皮甲而出、故謂之鼓、从壴支象其手擊之也、周禮六鼓、靁鼓八面、靈鼓六面路鼓四面、鼖鼓、鼛鼓、晉鼓、皆兩面、凡鼓之屬皆从鼓、

郭、俗作廓、段玉裁說、自內盛滿出外曰郭、此與門聞也、戶護也、同例、未有文字、先有聲音、先聖緣聲以定名、後賢即音以說字、春分萬物郭皮甲而出、鼓者春分之音、緣事定名、命之曰鼓、應劭書、風俗通

亦說春分之音、萬物郭皮甲而出、故謂之鼓、从壴
壴、陳立樂而上見也、鼓必立簴、育仁按豈卽鼓之
古文、篆增文作鼓、隸譌从皮、遂不可說、周禮
鼓人六鼓、許書數引周禮、明其重古文也、

豈 還師振旅樂也、一曰欲也、登也、从豆微省聲、凡豈之屬皆从豈、

形聲也、周禮王師大獻、則令奏愷樂、鄭康成說、大
獻獻捷於祖、愷樂獻功之樂、豈正字、愷借字、後人
又借凱爲豈、用豈爲詞、从豆、與壴同意、左傳曰入
而振旅、歸而飲至、獻捷於祖、與飲至、未有不用俎
豆、一曰當作欲登、此說假借、凡經傳用豈爲
詞、皆言在此而意在彼、詞者意內而言外、

豆 古食肉器也、从口、象形、凡豆之屬皆从豆、

爾雅木豆謂之梪、竹豆謂之籩、瓦豆謂之登、梪下
說、木豆謂之梪、周禮、旊人豆中懸注、謂懸繩正豆
之柄、登篆作𤼷、說禮器也、从廾持月在豆上、然古
豆用陶器、專謂瓦豆爲豆、後乃以木爲之、其字加

木作梪，又後遂以豆統木豆瓦豆之名，更析名瓦豆爲豋，其字从豆，加肉加廾，从廾持肉在豆上，儀禮，醯醬二豆，菹醢四豆，詩於豆於豋，毛傳，木曰豆，所以荐菹醢，瓦曰豋，所以荐太羹，許專說豆爲食肉器者，正由豆古專用瓦，瓦豆專豆之名，詩禮所謂豋，卽古所謂豆，後始析名爲豋，詩禮所謂豆，乃古所謂梪，木爲之者，瓦豆以荐肉，木豆以荐菹醢，豆者最初之名，豋者後起之名，故說豆，古食肉器也，儀禮太羹湆不和，實於鐙，鐙卽豋，其正字則當作豋，鐙登皆假借，从口象豆之容，一象冪也，禮，籩豆用布巾，籩巾以綌，古尊鼎豆籩，皆無蓋，有冪，八象骹，下一象鐙，禮記鄭康成說，校，豆中央直者，校卽骹，脛也，鐙，豆下跗足背也，豆本謂籩豆，其尗豆古謂尗，不謂豆，經傳通用菽，許，尗下說，豆也，此以今語釋古言，戰國策，五谷所生，非麥而豆，始謂尗豆，要本方言，非本字義，定爲假借，此部屬𧯷䜴二文，𧯷下說，豆屬，䜴下說，豆飴也，則直以豆爲豆尗，當由周秦方語名尗爲豆久，遂專名，孳乳浸多，用借爲本，如革本謂革更，借爲皮革，而从革之字，俱从皮革爲義，

豊豆行禮之器也、从豆、象形、讀與禮同、凡豊之屬皆从豊、

亦合三體會意、與豐同意、當作从豆、从凵、从丯、許君箸从豆象形者、意以上體並丯既無其字、丯加凵上亦未成文、不得爲从某之屬、故與豐並箸爲从豆、半體象形、與𠱠盲等字同例、第並丯許書雖無其字、而覞部𧢲从二丯、既有其徵、曰部曹从二東、亦如此例、又如𠓜从二入、畕从二田、𨛜从二邑、許書所存、並闕其音讀、言者意之聲、字者聲之寄、義存音闕、固知無此語言、有義無音、則字同蓋闕、制字因而重之、取以會意、所謂合類比誼、以見指撝、許書不存、或由甄錄失出、如凡將之字、頗出史篇、不得謂許書所遺、外無文字、丯下說艸蔡也、然並丯爲文、卽形具義、行禮之器、謂凡尊籩俎豆之屬、設於賓祭燕享、用以行禮者、故別乎皿爲飮食之用器、豆爲食肉器、統乎凡行禮諸器爲名也、从豆、豆者所常陳行禮之器、舉一賅餘、从凵、與𠱠同意、凵、器也、取象中有所盛、从丰、丰从二丯、左傳曰、

瀾溪沼沚之毛、蘋蘩蕰藻之菜、可荐於鬼神、羞於王宮、禮之用、儉爲本、義蓋取此、此字於經傳無徵、部屬一文、豑、說爵之次弟也、从豊弟、虞書曰、平豑東作、按豑卽爵秩本字、爵之次弟、正謂階位尊卑之次弟、非謂行爵獻酬之次弟、漢官二千石至四百石皆稱秩、本當作豑、秩、積貌、借字也、平豑東作、壁中古文正字、東晉本作平秩、亦借字也、爵豑之豑、其文从豊、猶以爵爲爵位之爵、宗廟之爵、貴者獻以爵、賤者獻以散、尊者舉觶、卑者舉角、爵爲有等、以是名官、行禮之器陳設次弟、秩然不越、故制豑字从豊、讀與禮同、猶𨚵讀若贅、擬其音而義亦具、育仁按、此卽古文禮、上體盇古文籩、

豐

豐豆之豐滿者也、从豆、象形、一曰鄉飲酒有豐侯者、

凡豐之屬皆从豐、

形聲合三體會意也、與豊同意、當作从豆、从山、从丰丰亦聲、許言象形者、固由並𡿺既無其字、丰加山上、又匪成文、故箸半體象形、與豊同例、但推覈从二丰、轉从二東、並丰之丯、並東之棘、合有其義、

許書不載，可知制字之體，因而重之，比類合誼，以見指撝，可察而知，知不必因許所遺，便謂本無其字，譻之从㗊、䪢、弜等字，義存音闕，亦其類也。戴侗說唐本从从豆从山，𡼷聲，蜀本丰聲，山取其高大，唐本蜀本雖未可確信為許君舊文，第於說字實當六書之指，重文豐說古文豐，豐下从古文豆，上从竝丰之𦍒，今時得古銘器有𦍒字瓦，可證竝丰之𦍒古有其字，阮元說𦍒字瓦云：豐字當是𦍒聲，而山象形，豐字當是𦍒聲而凵象形，一从草盛之丰，音馮；一从艸蔡之丰，音介也。儀禮鄭康成說豐其為字，从豆曲聲，曲當為𦍒轉寫或譌，遂為曲字，許丰下說艸盛丰丰也，然竝丰成文，而即形見義，丰豐同音，唐蜀本俱言取聲，正與鄭說形聲恉合，然竝丰之𦍒仍同丰讀，竝音亦傳矣。豆之豐滿，謂豆所盛豐滿也，非謂豆之大者名豐，豆所以盛，故从豆，物積多則朦尨隆起，象高大，故从山，取其高大，器盛滿如艸之盛丰丰然，故从𦍒也。豐本為豆實豐滿之名，因之凡滿盛曰豐，物滿盛則大，故凡大亦曰豐。豔下說豐大也，詩毛傳豐大也，又豐茂也，揚雄書豐大也，朦尨豐也，趙魏之郊燕北鄙凡大人謂之豐。顧野王書：豐，大也。易孔穎達說：豐者，多大之名，盈足之義。鄉飲酒有豐侯者。竹書成十九年貍豐侯。阮諶圖說：豐，國名也，坐酒亡國。崔駰文：豐侯沈湎，荷罌負缶，自戮於世，圖形戒後。李尤文：豐侯荒謬，醉亂迷迭，乃象其形，爲禮戒式。後世傳之固無正說。蓋禮古文家說謂卽儀禮鄉射燕命弟子所設之豐也。按儀禮大射、鄉射皆有豐。鄭康成說其形似豆而卑。於大射云：所以承尊也。於鄉射云：所以承爵也。然鄭謂豐其爲字，以名一物。許主謂豐爲豆實豐滿之稱，承尊之禁形似豆而卑者，於豐滿本義不附，故从从禮古文家說謂鄉射之豐取豐侯之義爲名，非豐制字本義。或說豐形似豆而卑，豐字从豆，遂目承爵之豐爲豐本義，如鄭康成之說，故加一曰以廣異義。鄉飲酒卽鄉射燕育仁按：据篆文說如此，曲當爲古文豐盛本字，故鄭說鄉飲之豐爲曲聲也。

𧯛 古陶器也。从豆，虍聲。凡䖒之屬皆从䖒。

形聲也。爾雅：瓦豆謂之登。是豆用陶器，䖒總陶器之名。字从豆者，以食器爲主。陶器有盎，范爲虎形

[seal script] 虍文也、象形、凡虍之屬皆从虍、

虎文者、虎皮之文采也、易、大人虎變其文炳也、此與屮、𠂇、豸、几、皆同意、原初制虎字、上體取象其文、因取其上體以爲虎文之字、於是孳乳相生、虞虜等字、取譬爲名也、其實屮取象於芊、𠂇取象於㲋、豸取象於羽、几取象於鳥、虍取象於虎、原初制字全體象形、故半體爲名、亦得爲象形也、

[seal script] 山獸之君、从虍、虎足象人足、象形、凡虎之屬皆从虎、

山獸之君、謂山獸之長也、與芊說从屮、㲋說从𠂇同、虍、虎文也、虎之文采可觀、故制虎字畫其文、易曰、大人虎變其文炳也、儿、象人足歷形、虎足似人足、故取人足以象虎足、猶㲋足似鹿足、㲋頭同兔頭、燕尾似魚尾、皆謂制字之初、取其同物、共畫一形、

・

[seal script] 虎怒也、从二虎、凡虤之屬皆从虤、

會意也、與犾从二犬、雔从二隹同意、犬善齧、故犾
爲二犬相齧、隹性摯、故雔爲匹雔、虎性威猛、故虤
爲虎怒也、聖人制
字、盡物之情狀、

皿 飲食之用器也、象形、與豆同意、讀若猛、凡皿之屬
皆从皿、

飲食之用器、統尊、壺、簠、簋、籩、豆之屬言之、與豆同
意、謂象形與豆相類、但無上冪、兩旁有耳、古鼎鬲
簠簋皆有耳、上象其容、下象其底、中象體、兩旁象
耳、孟子云、牲殺器皿、卽謂統飲食用器之名、凡許
說同意、卽說轉注、轉注之言、謂建類一首、同意相
受、首者、端也、建、立也、立其類而共取譬、而其取譬
之意、則由此推彼、可以互證、是爲建類一首同意
相受、指事會意象形形聲以經之、轉注假借二類
以緯之、而制字之道備、說字之義明、故轉注之字
有指事者、如丨乙是也、有象形者、如皿豆是也、有
會意者、如采朶是也、有形聲者、如蛩、畱是也、許發
其凡、未能盡箸、所貴好學深思者、心知其意也、

凵盧、飯器以柳作之象形、凡凵之屬皆从凵、

盧下說、盧、飯器也、禮鄭康成說、笄如今之筥箬籚楊雄說、簇、趙衞之間謂之去簇、郭璞說、去簇、盛飯筥也、然筥卽去簇、去簇去籚箬籚、卽凵盧矣、詩毛萇說、圓曰筥則凵盧圓器、筥箬簇、皆从竹此說以柳爲之、原初用柳編爲盛飯之器、後來始以竹易柳、箬筥簇一音之轉、孳乳之字也、單呼爲凵爲箬爲筥、爲簇、絫呼爲凵盧、爲去簇、疊呼則筥箬籚也、

人相違也、从大凵聲、凡去之屬皆从去、

違、離也、去者、舍此而之他、故說爲人相違論語曰去而違之、春秋傳經、紀侯大去其國、大卽人、按篆說形聲如此、厶、當卽取厶盧爲義、飯器有盇、用必去盇、故以爲去、取大象盇形、

祭所薦牲血也、从皿、丶象血形、凡血之屬皆从血、

指事也、與刃丹同意、刃从刀而丶之、指刃之處、丹象采丹井而丶之、指丹之所在、血从皿、皿器也、所

以盛者、从血而、丶之、指血之所在、此謂視而可識察而見意、血亦謂人血、不專謂牲血、制字取此者是爲遠取諸物、古者祭祀親割牲必薦血、禮記曰毛血告幽全之物也、詩取其血膋、毛萇說、血以告殺、易曰、士刲羊無血、

丶

有所絕止、丶而識之也、凡丶之屬皆从丶、

指事也、與一丨同意、是爲轉注、有所絕止、謂凡物有所斷止、猶今人言記號、漢武帝讀書、止輒乙其處、亦卽有所絕止、丶而識之、此卽今人點句之緣起、

丹

巴越之赤石也、象采丹井、丶象丹形、凡丹之屬皆从丹、

指事也、丹者石之精也、其色赤、巴郡南越出之、司馬遷書、蜀有丹穴、左思賦、丹砂赩熾出其坂、葛洪書、句漏有丹砂井、此與刃血同意、外象采丹井、中丶而識之、指丹之所在、此所謂視而可識、察而見

意、依許說爲合體象形、

青　東方之色也、木生火、从生丹、丹青之信言必然、凡青之屬皆从青、

會意也、五行東方木、故東方謂之青、丹、赤石也、赤者、南方之色、故以丹爲赤、木生火、丹生於青、爲青之信、言理行必然、故以生丹制爲青字、正猶人言爲信、止戈爲武、所謂合類比誼、以見指撝、按篆說如此、古文[illegible]从屮宁、丶中取造染誼、

井　八家爲一井、象構韓形、丶、罋之象也、古者伯益初作井、凡井之屬皆从井、

指事也、與刃血丹同意、許君說以爲象形、非、古者八家一井、孟子書、方里而井、井九百畝、其中爲公田、八家皆私百畝、同養公田、穀梁傳、古者公田爲居、井竈葱韭盡取焉、然一井九區、一區百畝、八家

各耕百畝、中區百畝爲公田、八家共居之、廬舍在其中、園圃在其中、取水之井亦在其中、井之命名爲井者、正謂一井之田、人所取水、故取井田之井、以爲鑿穴出水之名、井田之稱爲井者、取畫界分田、井井然有法、荆下說、引易曰、井者、法也、應劭書井法也、節也、司馬彪引易說、亦曰井法也、說取水之井爲法、於義不附、蓋井本制爲井田字、正畫阡陌途道之形、其空爲九區也、以其分界井井有法、命之曰井、其取水之井、乃从井而中丶之、以指其處、井字空爲九區、中一區則公田也、古者公田爲居、八家同鑿一井、井在公田一區之中、爰水井字从井、於中區丶、而識之、井田作井水井作丼、當別爲二字、先列井部、荆刱字从之、後出丼部、𠦃阱字屬之、

皀 穀之馨香也、象嘉穀在裹中之形、匕所以扱之、或說皀一粒也、又讀若香、凡皀之屬皆从皀、

會意也、穀、粟也、析言則連秠曰穀、曰粟、書五百里粟、二百里米、散言則穀粟亦米也、孟子曰、食粟而

已矣、穀之馨香、謂穀之可爇爲飯者、穀熟繼發馨香出、皀謂穀熟、象嘉穀在裹中之形者、原其始不離乎稃也、與骨字从冎、脊字从冎一意、匕所以扱取熟食、惟皀爲熟食、故所屬旣、卽、冟、皆从食取義食亦从皀、皀以下、鬯、食、倉、高、京、畗、亯、亩、字皆半體从某之屬、半體从某之形、合之則於六書爲會意其不同合體象形者、合體象形之字、从某之屬必連某成形、故雖合體亦屬畫成其物、指事之文从某爲端、而加畫以明指意、譬口不言而指以示之其體儔要、如上下之比、自皀至亩八文或已成文或未成字、於半體則爲畫成其物、合全體則爲合類比誼也、

鬯以秬釀鬱艸、芬芳攸服以降神也、从凵、凵器也、中象米、匕所以扱之、易曰、不喪匕鬯、凡鬯之屬皆从鬯、

會意也、秬、黑黍也、正作𪏰、𪏰下說、一稃二米以釀詩毛傳同、鬱下說、芳草也、十葉爲貫、百廿貫築以

煮之爲鬱周禮鄭衆說同以秬釀鬱艸謂以黑黍爲酒和釀鬱金之艸芬芳攸服攸卽條字詩條革陸德明說本亦作攸條从攸聲古同音通借服當爲暢暢字之誤也鄭康成亦說芬香條暢正與許同以秬黍之酒和釀築煮鬱金之艸取其气芬芳條暢故命之曰鬯用以祼獻降神周人尙臭之禮也然鬯者合秬黍酒與鬱金汁二物之名禮記灌用鬯臭鬱合鬯周禮鬱人凡祭祀賓客之祼事和鬱鬯以實彝而陳之鄭康成說築鬱金煮之以和鬯酒又序官鬱人鬯人鄭說鬱鬱金艸宜以和鬯鬯釀秬爲酒芬香條達於上下也然則謂鬯爲秬酒之名和以鬱金之艸則名鬱鬯詩秬鬯一卣毛傳秬黑黍也鬯香艸也築煮和而鬱之曰鬯又禮王度記天子以鬯諸侯以薰大夫以蘭芝禮緯鬯艸生郊書中候鬯艸生庭則又謂鬯爲香草之名郎許鄭亦云鬱金也有仁按鬯者所以灌地降神取其芬芳條暢故謂之鬯本爲在器之名其實之物則秬黍釀成之酒與鬱金築煮之汁字从凵凵器也中卽米字而衺書之米秬米也鬯和鬱金特取其臭所實者秬酒爲多有專用秬酒無專用鬱金

汁、故秬酒不和鬱汁、亦得專鬯之名、周禮、掌供秬鬯、禮記鬱郉鬯、書、詩、秬鬯一卣、皆目秬釀爲鬯、故鄭說鬯、鬯釀秬爲酒、鬱本香草、本無主名、其用在臭以和秬酒、以其幽鬱而臭始達、名之曰鬱、白其用專以爲鬯、因名之曰鬯草、猶今以黍宜釀酒遂名黍曰酒米、故毛詩傳、禮緯、書、中候、皆謂鬯香草也、則鬯爲秬酒鬱艸在器之統名、故鬱鬯字皆从鬯、易曰不喪匕鬯、正統謂在器降神者、从匕所以扱之、謂勺藥而調之、匕柶也、禮以柶扱醴、

食 一米也、从皀、亼聲、或說亼皀也、凡食之屬皆从食、

會意也、皀下說、一粒也、一粒即一米、食本謂蒸飯熟食、今人謂飯、飯本義乃自人而言謂人食之也輾轉相因、自人食之亦謂之食、所食之物亦謂之飯許君蓋謂食自人而言、故說食爲一米、箸爲形聲、以亼皀爲或說、一米爲食、與与下說、一勺爲与同意、勺所以挹注之物、挹彼注茲、是与之義、米者人所食也、與食之數皆無定量、一者數之始、雖至眾多、皆積一而成、故說一勺爲与、一米爲食、育仁

按，當以或說爲正，亼下說，三合也，皀，穀之馨香也，三合猶合也，馨香猶熟也，合而成熟之，以爲人之食。

亼 三合也，从入一，象三合之形，讀若集。凡亼之屬皆亼。

會意也，許說以爲三合，又說从入一，蓋疑者兩存之。育仁按，三合，古文說，謂繩三合也，入一，篆文說，就部屬字，皆从合爲義，亼與干同意，干从反入，从一，一，道也，反入猶不入，不入於道，故爲干，猶亼从入一，入於道則合。

會 合也，从亼，从曾省，曾，益也。凡會之屬皆从會。

會意也，合下說，合，口也，取義於合凵，因以爲凡相合之名，凡人相偶爲合，相羣亦爲合，物之相附著，猶人之相偶羣也，禮經，器之蓋曰會，爲其相附著，如人之會合，因以名之，爾雅，郃，敆，盍，翕，仇，偶，妃，匹，會、合也、姖合、會、對也、从亼、亼、三合、猶合也、从曾省、曾下說、詞之舒也、詞者意內而言外、凡曰曾者、皆語承前而意有進也、故說曾、益也、如言曾祖、曾孫、皆取重益爲義、故層、增字、从曾聲、亦取其義也、會者、相偶羣之意、自奇而偶、自寡而羣、皆增益也

倉

穀藏也、倉黃取而藏之、故謂之倉、从食省、口象倉形、凡倉之屬皆从倉

會意也、穀藏、穀之所藏處也、人取而存之曰藏、因之所藏之處曰藏、府下說、文書藏也、心下說、土藏也、博士說以爲火藏、今分平去、古惟一音、倉黃即蒼黃、時禾稼之初黃、收刈而藏之、納稼宜速也、藏黃倉疊韻、說與章　郎郭字民所度居、山宣气散生萬物同、亦門聞、戶護之例、倉之所儲、皆人所食也、故从食、口、圍也、本取口義、亦象倉形、

入

內也、象从上俱下也、凡入之屬皆从入、

内下說入也内本義如今人之謂納凡經傳納字皆本作内納借字也内者自外而入之因遂以爲對外之名今人分去入者非也从上俱下順也順而入之故爲内字象說如此按入即矢之上體矢鏃向外義取射入是遠取諸物

缶 瓦器所以盛酒漿秦人鼓之以節歌象形凡缶之屬皆从缶

匋下說瓦器也缶下說缶也缶亦說爲瓦器然由即匋之異字缶與由匋異字而同物原初作匋瓦最先有缶缶爲匋匋瓦之始故罄匋字皆从缶字說以爲瓦器析名則謂一物統名則凡瓦器可名缶也所以盛酒漿言其用禮記五獻之尊門外缶易尊酒簋二用缶李斯書夫擊甕鼓缶眞秦之樂也司馬遷書趙王與秦王會於澠池令秦王擊缶

矢 弓弩矢也从入象鏑栝羽之形古者夷牟初作矢

凡矢之屬皆从矢、

大弓曰弩、矢者、待弓弩而後用、故說弓弩矢从入者、矢欲其利易入也、鏑、鋒也、謂上出介象之、栝、矢端受絃處、開作兩口、八象之、一象羽旁出之形、山海經、少皞生般、般始爲弓矢、郭璞說、世本云牟夷作矢、午下說與矢同意、說轉注也、轉注者其本一字皆同一類而所取之屬又同此一端所謂建類一首、如爾之與爽、裘之與衰、瀍之與瀱、譱之與美義、箭之與俎、牟之與芊、字之本義皆一類而取於毛下垂、取於孔效效、取於水之平、取於月之殘、取於芋之祥、取於气之舒、意同由此證彼、矢之與午、則不類而類、午、牾也、牾、逆也、矢、直也、雖午爲事、矢爲物、要之物之命名、皆取於義、物之爲用、義亦存焉故物亦事也、是爲建類、矢从入、取矢能入物、午从入、取陽气貫入其意相同、是爲同意相受也、

高

崇也、象臺觀高之形、从冂口、與倉舍同意、凡高之屬皆从高、

會意也。崇下說，巍高也。高之言統謂凡崇高之稱。取諸臺觀高之形者，臺觀之高，人所共見，是爲遠取諸物。从冂者，遠界表道也。古亭也。亭下說象兩亭相對。冂與古皆高高而上出者。口音圍，與倉舍同意。說轉注也。口本成字，原初制字，實取諸形。倉者績貯之所，必有出納之戶。高者臺觀之屬，必有通達之同。原古制字，取其相類，並取一端，是爲建類一首。倉之口即高之口，高之口亦即倉之口也。是爲同意相受。爾與爽，袁與哀，瀫與瀴，美與善，谷與俎，朶與采，皆同。推之許所未言，尙多此例。故班固說轉注假借爲制字之原本也。

冂

邑外謂之郊，郊外謂之野，野外謂之林，林外謂之冂。象遠界也。凡冂之屬皆从冂。

象形也。爾雅，邑外謂之郊，郊外謂之牧，牧外謂之野，野外謂之林，林外謂之坰。詩毛萇說與此同，與爾雅異。邑，國也。距國百里曰郊。冂象界上樹表之形。古者樹木以表界，林外謂之冂，國之遠界也。界

必有表故象遠界之形制爲冂字
今時州縣界上猶樹表古之遺制

𩫏 度也民所度居也从回象城𩫏之重兩亭相對也

或但从口凡𩫏之屬皆从𩫏

說𩫏爲度與山宣也門聞也戶護也同例城外之周命之曰𩫏者以民所度居之地也劉熙說郭廓也廓落在城外也析言則內曰城外曰𩫏古者國都城皆兩重內者曰城外者曰𩫏故說从回象城𩫏之重𩫏周於城言𩫏則城在其中矣其外邑周爲城而無𩫏統名則𩫏亦城城亦𩫏也故或但从口兩亭相對謂𩫏今城樓也漢制京師十二城門門一亭

京 人所爲絕高丘也从高省丨象高形凡京之屬皆从京

會意也人所爲人力所成也論語譬如爲山固知山有人所爲者爾雅絕高謂之京非人爲之丘二

語互明謂絕高人所爲者謂之京絕高而非人所爲者謂之丘丘與京皆積高之臯析名則人所爲謂之京實其物則京卽人所爲也从高省口高象臺觀高之形臺觀人所爲也京非臺其爲人所爲一也故从高从丨丨引而上行者也人所爲必自卑而高故說象高形

亯獻也从高省曰象進孰物形孝經曰祭則鬼亯之凡亯之屬皆从亯

會意也獻者下進上之詞以卑達於尊也故从高省孰物而薦馨香達於神明之意周禮以祠春亯先王以礿夏亯先王以嘗秋亯先王以烝冬亯先王經傳或通用饗字亯者孰物而荐故以爲亨飪字獻亯者下進於上卑達於尊祭而神亯是用受福故又以爲亨通字

㫗厚也从反亯凡㫗之屬皆从㫗

會意也厚下說山林之厚也从㫗从厂㫗爲凡㫗薄之名經傳通借厚爲㫗故以厚釋㫗亯者進於

上也，孰而荐之，高而奉之，故从高，象孰物，㫗从反亯，謂如以亯上者施之於下，以亯上者施於下，至㫗意也，故以爲厚薄之名。

畐滿也，从高省，象高厚之形，讀若伏，凡畐之屬皆从畐。

會意也，滿下說，盈溢也，通其義，則滿卽溢，專其義，則充盈未至於溢，謂之滿，孝經，滿而不溢，注，正謂充盈也，楊雄書，愊偪滿也，凡以器盛而滿，謂之愊，腹滿曰偪，盛而滿，謂器不容而溢出，愊卽湢，腹滿正謂盈充於內，偪卽畐也，許書無偪，偪卽畐之俗字，荀卿書，充盈大宇而不窕，入郤穴而不偪，淮南書，入小而不偪，處大而不窕，二句相成爲義，不窕謂錞穴，不偪謂不離容，皆謂適如其量，正充滿之義，古从高省，田似田而非田字，說象高厚之形，凡物高則从充滿上下，厚則充滿四旁，高厚則上下四旁皆充滿矣，外从口，中从十，十下說，一爲東西，丨爲南北，上下四旁備矣，故說象高厚之形，猶言象

滿之形，充盈於中，滿而不溢，則能容而不窕，故㿝
从畐省，説爲善也，示部福，宀部富，取爲聲，亦从其
義，篆説如此，育仁按，當从亯十，卽富之古
文，畐者備也，百順之名，倉廩實而知禮節，

亩 穀所振入，宗廟粢盛，倉黃亩而取之，故謂之亩，从
入回象屋形，中有戶牖，凡亩之屬皆从亩，
會意也，振下説，舉也，百穀之總名，禾去稃糠曰穀
穀所振，振入，謂舉而納之，周禮鄭康成説，米藏曰廩
廩卽亩，亩重文，廩説，亩或从广稟，穀所振入，謂之亩
猶倉黃取藏，謂之倉，亩猶懍，懍懍戒愼也，時穀之倉
黃，懍懍戒愼，振舉而藏之，亩之命名，義取諸此，穀
梁傳曰，甸粟而納之三宮，三宮米而藏之御廩，鄭
康成説，祭祀之穀，帝藉之收，藏於神倉者，不以供
小用，御藏曰亩，民間所藏曰倉，覈實則亩亦倉也，
故亩可稱爲倉，正名則謂懍懍戒愼振舉之而入
之，曰亩，與民間之藏，但倉黃取而藏者異也，亩之
所給，祭祀爲大，故説
宗廟粢盛亩而取之，

嗇 愛濇也从來从㐭來者㐭而藏之故田夫謂之嗇

夫凡嗇之屬皆从嗇

會意也淮南書儉於已儉於人謂之愛儉於人不儉於已謂之嗇愛嗇統言之詩好是稼嗇鄭康成說但好任用是居家之吝嗇从㐭㐭穀所振入也懔懔戒慎舉而藏之故謂之㐭愛嗇者入多而出少如㐭之藏从來來瑞麥天所來也謂歲功成乃自天降康愛嗇視所穫如天所來則懔而珍藏故制嗇字說爲來者㐭而藏之是爲遠取諸物古者耕三餘一耕九餘三秋穫必謹蓋藏治農之道務在嗇故田夫謂之嗇夫

來 周所受瑞麥來麰一來二縫象芒朿之形天所來也故爲行來之來詩曰詒我來麰凡來之屬皆从來

象形也、來爲麥之嘉種、前古有之、周興受此以爲瑞故說周所受瑞麥來麰、舉周者、前古無徵也、非爲謂至周始有此字、書緯及初出太誓、皆云武王渡河、白魚躍舟、出涘以燎、後五日火流爲烏、五至以穀俱來、穀卽謂來麰、穀者、百穀之總名也、毛詩作來牟、毛說牟麥、韓詩作嘉麰、薛漢說麰大麥也、孟子書、今夫麰麥、趙歧說、大麥也、然麰爲大麥、麥之常種、來爲瑞麥、物所罕珍、專其名則曰來、比其類則曰來麰、重其物則曰嘉麰、一來二縫、縫當作夆、孔穎達引作一來二夆、許說一來、物其物也、猶言一麥、蓋藁一莖六穗之類、後來所稱麥秀兩歧者也、古者教民稼穡、天降嘉種、蓋卽有來麰、故制其字象形、丨象上出、下象芒束、从象二夆、以爲來麥自天所來也、遂以爲行來之來、猶借朋爲朋黨、韋爲皮韋、西爲東西、革爲皮革、西爲甶西、未有文字先有語言、行來之來、古有其言無其字、亦拚音符號、在形系文字以前之證、

麥 芒穀、秋穜厚薶、故謂之麥、麥、金也、金王而生、火王

而死、从來有穗者、从夊、凡麥之屬皆从麥、
會意也、芒穀、有芒刺之穀也、來爲嘉種、麥爲常種、比類其形、與來同物、故制麥字从來、秋種、以秋時而種、厚薶謂其根入土深、薶麥雙聲、古同一讀、說命名之義、亦猶木冒黍暑之例也、以秋時種、故於五行爲金、火剋金、故火王而死、金王秋、秋時也、夏小正、九月樹麥、禮記、仲秋之月、乃勸種麥、淮南書、昏虛中、可以種麥、金王秋時、火王夏時也、禮記、孟夏麥秋至、夏小正、四月刈麥、有穗者、从夊句、郎俗言綏綏、亦郎須須、夊下說、行遲曳夊夊也、麥穗有須穗重下垂、夊夊然、取以會意、近取諸身、

夊

行遲曳夊夊、象人兩脛有所躧也、凡夊之屬皆从夊、
指事也、行遲曳夊夊、謂人行步遲遲、如後有所拕曳夊夊也、禮記、行不舉足、車輪曳踵、又圈豚行不舉足、齊如流、論語、足縮縮如有循、正此字之義、縮縮郎夊夊、夊夊如有循、與如有所曳同意、夂、郎人字衰書

之象人兩脛丁而識之如有所蹢指其事謂
如此所謂視而可識察而可見與夂久同意
舛 對臥也从夊㐄相背凡舛之屬皆从舛
旨意也對臥當从背臥从二夊相背夊行遲曳夊
夊也象人兩脛有所躧人兩脛有所躧則遲重不
前故取義於臥夊一向左一向右則足跟相背故
當爲背臥重文蹖楊雄作舛从足春莊子書其言
踳駮司馬彪說踳讀日舛舛
乖也兩臥相背是乖違也
舜 舜艸也楚謂之葍秦謂之藑蔓地連華象形从舛舛
亦聲凡舜之屬皆从舜
象形也說古文舜下說舜茅葍也一名舜一物三
名由方語之異隸變作舜重文𡕡說古文舜𡕡下
爲土上畫華蔓相連故云蔓地連華篆从古文上
體㸚而小變其體故匚非受物之匚字炎非火光
之炎字古文多象形下之土與上華蔓連故合體
仍屬書成其物隨體詰屈大下不从大爲義亟旁不

从人爲義、盾上不从厂十爲義、詹上不从厂仌爲義、夷不从弋弓爲義、戊不从戈丿爲義之類是也。旣取成宗合類比誼、又兼象形、京从丨象高之形、倉从口象倉之形、亩从回、象亩之形、网从爻橫寫象網交文、巿从丨、象絲垂之形、類是也、許於說解多申古文、於重文可證、篆从古文而增以配聲、故說从舛、與夅下从夂同意、亦象蔓地連緜、夊夊相背也、虞帝之謚本作俊、作舜者同音借也、山海經帝俊之所居、謂有虞氏、此宜與亯畐富㐭京等字同爲會意、先出象形者、推本古文、文說象義以識遠流、詩顏如舜華、卽此本義

韋　相背也、从舛、口聲、獸皮之韋可以束枉戾相韋背、故借以爲皮韋、凡韋之屬皆从韋、

形聲、口兼會意、今用違字、本卽韋字、相背故从舛、舛乖也、獸皮之韋、謂獸皮之堅韌、可以束枉者使直、戾者使順、與其初之枉戾相韋背、故借韋背之韋、以爲皮韋、與皮革一例、亦朋以爲朋、𩏑來以爲

行來、西以爲東西、之最初假借例、

韋東之次弟也从古字之象凡弟之屬皆从弟、

象形也、韋東、以韋東物也、束物者如詩毛萇說、輈五束、衡三束、紃下說、繩三束、繩亦束物、知爲韋者、弟从古文弟、古文弟从古文韋也、古文弟作𢎨、古文韋作𢎨、弟之言謂凡物之次弟也、不專韋東、取於韋者、韋可以東枉戾相韋背、制字遠取諸物、舉其易明、韋東次弟、視今機器皮帶、从古文之象、正謂古文𢎨字之象、古文弟象韋東次弟、篆文小變其形、實緣其體、說與華民酉部同恉一例、

从後至也象人兩脛後有致之者讀若黹凡夊之屬皆从夊

指事也、从後至、謂自後而至、猶言向前也、夊久相互同意、夊象人脛有所躧也、有所躧則向後不前、故說爲行遲曳夊久象人脛後有距也、有距則不得向前、亦不向後、故說爲从後灸之、夊象人後

有致之者，致，送詣也。後有致之則勢當向前，故說爲从後至也。按此此卽古文𢓜致之致，讀若𢊍卽讀若致矣。

久

从後灸之。象人兩脛後有距也。周禮曰：久諸牆以觀其橈。凡久之屬皆从久。

指事也。从後灸之，謂从後附著而推拒之。灸下說灼也，今醫家用艾灼體爲灸，是其一端。以艾灼者附箸於體，不離不入，義成於久，故灸从火从久會意。因之凡拄塞之曰灸，拄者相附之謂，塞者相拒之謂，二義相反而成，正謂附箸而推拒之，故說久爲灸。乃象人兩脛丶箸其後，象相附箸而又推拒。附箸而推拒之，則不向後亦不向前，如有拒止之者，故以爲遲久、長久。拒猶歫，歫，止也。周禮久諸牆以眡其橈之均，今書久亦作灸，鄭康成說灸猶拄也，以拄兩牆之間，謂以橫木拄兩牆之間，兩爲附拄箸又相撐拒。鄭作灸，許作久，其義同也。又疏布久之，木桁久之，鄭皆易久爲灸，說以蓋案塞其口，義與夂諸犕之夂正同，但鄭取達經言，故易字爲訓，許重明正字，故不煩改讀也。夂本爲凡附箸止距之名，取象脛者，近取諸身也。與文夂爲轉注，文刀象兩脛，乁附其前，如有所躧，故訓行遲。夂刀象兩脛，乁稍進前，如有推致之者，故訓从後至之。刀象兩脛，乁箸其後，如距止之，故訓从後灸之，是爲建類一首，同意相受也。

桀　磔也。从舛在木上也。凡桀之屬皆从桀。

會意也。磔下說，辜也。周禮，殺王之親者辜之，鄭康成說，辜之言枯也。又以疈辜祭四方，鄭眾說，披磔牲以祭。爾雅，祭風曰磔，郭璞說，今俗當大道中磔狗，云以止風。漢制，正月磔雞以迎時气。然磔謂刳殺而乾之，桀說爲磔，音義皆同。此篆文義。按古文當象高蹻，取兩蹻在木上，故制以爲雄桀字。夏之末王名曰桀，後因其名桀，加爲惡謚。謚法，賊人多殺曰桀。

第六

木 冒也，冒地而生，東方之行，从屮，下象其根。凡木之屬皆从木。

上从屮，亦象形也，艸之枝莖，與木之枝莖一也，最初之文，畫成其物，與相似者，共畫一形，許就其成字，俱爲从某某也，木冒也，猶天顚也，日實也，月闕也，山宣也，水準也，火𤇾也，未有文字，先有語言，爰始制字，以附語言，東方之行，命之曰木，以其冒地而生，猶其根厚蘊命之曰麥，能宣气散生萬物，故謂之山，之類，上象枝葉出，下象根下垂，中直引而上行，

東 動也，从木。官溥說，从日在木中。凡東之屬皆从東。

會意也，東方者春，春之爲言蠢也，萬物秉陽蠢然滋動，班固說，東，動也，禮曰，天地和同，艸木萌動，从木，五行東方甲乙木，从日在木中者，日初出東方，所登榑木也，淮南書，日出於湯谷，浴於咸池，拂於榑桑，是爲晨明，山海經，湯谷上有榑桑，十日所浴，半夜爲子，雞鳴爲丑，晨爽爲寅，寅方者東方也，故

从日在榑桑，制爲東方之字，

林 平土有叢木曰林，从二木，凡林之屬皆从林，

會意也，爾雅，郊外謂之野，野外謂之林，毛詩說，許门下說同，周禮鄭康成說，竹木生平地曰林，詩依彼平林，毛說林木之在平地者，林从二木，本義謂叢生木，叢木所生，必在平土遠郊野外之地，故說野外謂之林

才 艸木之初生也，从丨上貫一，將生枝葉也，一地也，凡才之屬皆从才，

象形也，與屮㞢出互文同意，屮，生有枝莖也，㞢，枝莖益大也，出，益滋上進也，才則艸木之初生，又前於屮，故从丨上貫一，未成屮形，丨引而上行，艸木自地出也，下从一，非下，至下，底下，皆謂一地也，惟初太始，道立於一，造分天地，故一爲地也，艸木萌芽，自地而出，受天陽以宣气，爲五行之首，前萬民

之用、茲滋而始、萌芽而俱、萬物始於微、地可觀者
莫可觀於木、聖人制字、俯察於地、遠取諸物、象以
爲文、才者艸木之初、爾雅、初哉始也、哉即才之借
天地之始、蘿萌也蕍華也太和、人之始性善致其
廣大、皆率其初、故爾雅說大與始同義、人謂之才能
天地人謂之三才也、此既从丨上貫一、一地也、宜
爲會意、其得爲象形者、最初之文、畫成其物、形偶
同於某字、義非取於比誼、古者制字之初、書畫不
爲二事、故畫形相類、而義即通焉、許君或說
从某或說象某、隨意舉隅、不得以詞害意也、

叒 日初出東方暘谷所登榑桑叒木也、象形、凡叒之
屬皆从叒、

書宅嵎夷曰暘谷、寅賓出日、暘、司馬遷作湯、許引
作暘、淮南書、日出於暘谷、浴於咸池、拂於扶桑、山
海經、暘谷上有扶木、一日方至、一日方出、屈原書、
出自暘谷、次於蒙汜、書暘谷、自說嵎夷之地、此暘
谷謂極東日出之地、本作湯或作暘、書暘本作暘
作暘作湯皆借字、桑即若木、日初出東方所登之

扶桑樹也、榑卽扶榑桑、叒木一物而二名、故以榑
桑說叒木、象枝葉叢蔽之形、桑字从叒、猶麥字从
來、篆文改制、省古
文友加草从右、

之

出也、象艸過屮枝莖益大而有所之、一者地也、凡
之之屬皆从之、

出下說進也、艸出地上、是日進長也、自下而上出、
猶自近而遠、故爾雅說之往也、上如屮而參差歧
出、故說象艸過屮、枝莖益大而有所之、猶
有所往、與丰屮生乇同意、其訓爲此、用爲詞皆假
借本無其字、依聲託事、按古文㞢與
之爲二字、音讀相同、篆合爲一字、

帀

周也、从反之而帀也、周盛說凡帀之屬皆从帀、

會意也、周段玉裁說、當作匊、匊、帀偏也、之、出也、象
艸木上出、反之爲帀、不令出也、按古文之、卽作㞢、
未茁在地爲才、已茁未出地爲屯、
茁地出爲㞢、反㞢爲帀、篆演札軋、

出 進也、象艸木益滋上出達也、凡出之屬皆从出、

象形也、進、達也、進與出相反而相成、造形略如屮、因而重之、卽今茁字、眾艸出地、枝莖滋長、向上達出、與屮才屯㞢同意、篆文增艸作茁、

𣎵 艸木盛𣎵𣎵然、象形、八聲、讀若輩、凡𣎵之屬皆从𣎵、

艸木盛、𣎵𣎵然、謂艸木枝莖茂盛、條暢婆娑然也、顧野王說以爲卽詩蔽芾之芾、段玉裁說以爲萑葦淠淠之淠、此當說从屮从八、八亦聲、許說象形者、謂𣎵艸木盛、屮是艸初生、疑爲不合、其實木亦从屮、萬物皆自微而盛、故爾雅說始爲大、𣎵从屮、亦同此恉、从八、八者別也、艸木枝莖盛則扶疏倚儺分別也、

生 進也、象艸木生出土上、凡生之屬皆从生、

會意也出下說進也此與出同意生之言統謂凡生之類不專謂草取於艸艸者地可觀者莫可觀於木木亦艸也木主東方之行艸為萬物之始易曰天造艸昧故从艸出土制為生字

乇

艸葉也从垂穗上貫一下有根象形凡乇之屬皆从乇

穗正作采穎之下垂者也乇為艸葉不象葉形取其象垂采與根者亦骨脊从月之意也骨與脊附生於凡艸葉綴於根株也象說如此肯仁謂乇即古文葉字正畫艸葉當作乇如畫家畫葉筋部無屬字立為首者象形最初之文無所附麗故特說象形字古文垂作𠂹从乇

𠂹

艸木華葉𠂹象形凡𠂹之屬皆从𠂹

艸木華葉𠂹凡物之下垂者似之因以為𠂹字垂邊垂也係𠂹之借重文作𠂹左从乇然𠂹中直當作从乇省許不說為从乇者原最初制字畢於相似共畫一形非同孳乳之先有某後从某也部無

屬文建爲首者與乇同意

𠌶 艸木華也从𠂹亏聲凡𠌶之屬皆从𠌶

形聲也析名則艸曰英木曰榮統名則艸木皆曰𠌶也凡艸木𠌶皆垂向下故从𠂹𠂹下說艸木華葉𠂹也艸木華之字後世別制花字經傳皆用華字無作𠌶者𠌶與䔢音義皆同䔢亦从𠌶但加艸然䔢卽𠌶之或體後出字猶孨卽子皕卽百𣏟加广爲麻卽𣏟字亩加禾爲稟卽亩字別爲部者孳乳浸廣以所屬分之華古音讀若胡故亏聲

䔢 榮也从艸从𠌶凡䔢之屬皆从䔢

會意也艸木之華謂之榮艸木華時最明盛故人亦稱榮華繁華也華與𠌶是一字䔢从𠌶加艸者後出之或體然當於𠌶下出䔢爲或體如亩稟之例別爲部首者皣从華不从𠌶也猶有百部復立皕部有𣏟部復有麻部有禾部復立稽部也

禾 木之曲頭止不能上也凡禾之屬皆从禾

會意也此與下稽音義皆同稽下說留止也此說止不能上也从木頭曲木冒地而生生進也木生上達曲其頭則不能生是止不能上進也今樹木者祝斷其巔則橫見側生不上長故从木曲頭會意以爲凡留止之名稽當後出从禾猶稟爲亩之後出字然當於禾下出稽爲或體分爲兩部者从所屬之字各不相蒙猶㚇夌分部與人儿大亦之分部也

稽 留止也从禾从尤旨聲凡稽之屬皆从稽

形聲也留止正謂不能進也國策高誘說留其日稽留其日也稽留者躊躇審計之意故爲稽考書粵若稽古謂順考古荀卿書後之言善者必稽焉言惡者必稽焉从禾禾禾止不能上也尤旨皆聲部屬𥡴𥢌二文皆从稽省省而不成字省之可信爲古傳者如此然皆篆文說出複體

巢 鳥在木上曰巢在穴曰窠从木象形凡巢之屬皆

从巢、

象形合體也、合體爲象形者、木亦象形字、宀下說宀中曰窠、樹上曰巢、與此同曰、象架木之巢、巛象羣鳥將棲而迴翔在上也、

桼 木汁可以髹物、象形、桼如水滴而下、凡桼之屬皆从桼、

木汁可髹物者、名桼、因名其木爲桼、出桼之木、非一種也、猶今以樹葉可爲茶者、統名其樹曰茶樹、故以木汁可髹物者、說桼、周禮桼林之征、鄭眾說桼故書作漆、杜子春云、當爲桼、然詩倚桐梓漆、墨子書塗漆、䰍圖策漆身爲厲、司馬遷書、漆其城等漆皆桼之借字、木所出汁、故从木、八、八象桼如水滴下、按此當作从木、从而省、兩亦水也、與桼同意、許不說爲此者、蓋相沿上八不連非木字、

束 縛也、从囗木、凡束之屬皆从束、

會意也縛下說束也詩毛傳輈五束衡三束禮記納幣一束束之言以爲凡束物之名不專束木字从口木者取譬以明是爲遠取諸物詩綢繆束薪乃正謂束木

橐也从束圂聲凡㯻之屬皆从㯻

橐下說囊也詩于橐于囊毛說小曰橐大曰囊國策高誘說無底曰囊有底曰橐元應書引蒼頡篇橐囊之無底者然當有底曰囊無底曰橐高誘倒易蓋統言則橐亦囊也析言則橐小於囊而無底㯻从束束縛也卽今語之梱梱物者韜其中身露其兩端橐爲無底之囊用以韜物形正與梱物類故說橐爲㯻孫梱說㯻大束也

回也象回帀之形凡囗之屬皆从囗

指事也回下說轉也古文回作回象回轉之形囗說回也象回帀之形帀徧也今方俗里語每曰周囗團轉是此字之義囗之言以爲凡回帀之名是事非物許說象回帀之形實指事也指事者以上

下爲例，聖人制字，令人知事理之分別，如欲分上下，以示人，何以明之，則立一爲耑，丨引而上，則視而知爲上，丨引而下，則察而知爲下，欲知周口何以明之，則指畫周口示之，如此所謂視而可識，察而可見，指亦象也，故班固說爲象事，凡許君說解明著象形者，始爲象形字，其說象某之形者，多非象形字。

員

物數也，从貝，口聲，凡員之屬皆从員。

物數，謂計物之數，謂之員，古者貨貝而寶龜，今謂錢，古謂貨，周曰泉，秦曰錢，詩鄭康成說，古者貨貝，五貝爲朋，以貝爲貨，故計數之員，制字从貝，員本爲凡計數之名，不專計貨，獨从貝者，物以數計，莫前於貨，漢以員爲人數，班固書，有吏員，博士弟子員，常璩有巴渝鼓員，今稱官數，猶曰一員二員，

貝

海介蟲也，居陸名猋，在水名蜬，象形，古者貨貝而寶龜，周而有泉，至秦廢貝行錢，凡貝之屬皆从貝，

海介蟲。海中所生。介蟲也。介者肉內而骨外。龜之屬爾雅。陸居名猋。水居名涵。然貝者。制爲貨之名也。古者以貝貝爲貨。以龜爲寶。詩。錫我百朋。鄭說古者貨貝。五貝爲朋。易或錫之十朋之龜。謂龜價值貝十朋者。貨輕寶重貨也。周始有泉。然不廢貝泉亦謂之布。周禮。外府專征布之入。鄭說。布。泉也錢。錢卽泉。至秦則廢貝不用。始專行錢。錢字李斯所制。目象介。八象足。

邑

國也。从口。先王之制。尊卑有大小。从卪。凡邑之屬皆从邑。

會意也。左傳。凡邑有宗廟先君之主曰都。無曰邑此析其名。統言邑曰國。國亦曰邑。書。大邑周。西邑夏。作新大邑於東國雒。皆統言之。从口。口國之方域也。尊卑有大小。謂封國公侯伯子男五等之數。左傳。先王之制。大都不過參國之一。中五之一。小九之一。卪瑞信也。古者封國命邑。皆有卪信。書。頒五瑞于羣后。周禮。守邦國者用玉卪。守都鄙者用角卪。故制邑字。从口从卪。

䣊 鄰道也从邑从𨙵凡䣊之屬皆从䣊

會意也此與畕比田也𨺅兩山之間同意兩阜相對必有蹊間兩邑相鄰必有界道

第七

日 實也太陽之精不虧从口一象形凡日之屬皆从日

日實也猶天顛也月闕也山宣也水準也天地日月山川之名皆自人定之前古因義以定名後人因名以究義實日疊韻於古音同日者陽精不虧光明質實爰名以日聖人制字觀理象形取象其盛實不虧遂成其物◯象日輪常滿一象形从古文之象古文日作囗中象日中踆烏篆文略變義仍从舊

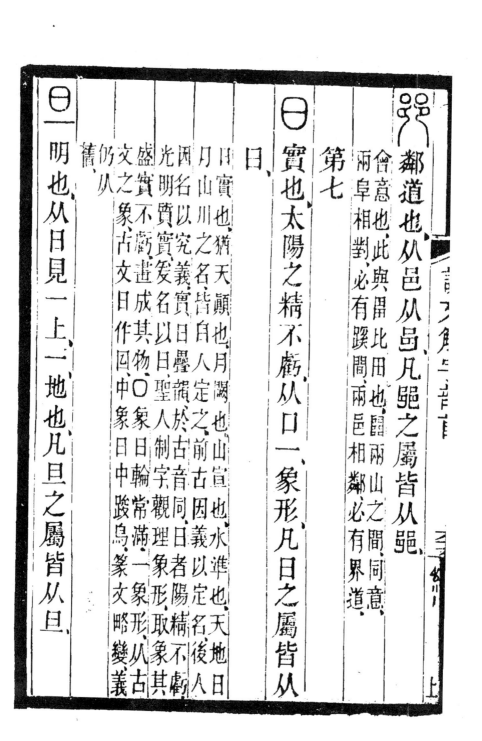

旦 明也从日見一上一地也凡旦之屬皆从旦

會意也明謂天明天明者日出也詩東方明矣淮南書日出湯谷拂於扶桑是爲晨明昧下說昧爽旦明也然旦正謂昧爽日初出時故从日見一上一地也至底韭屮下說同惟初太始道立於一造分天地故一爲天又爲地也日見地上爲旦日入茻中爲莫日在木下爲杳

倝 日始出光倝倝也从旦㫃聲凡倝之屬皆从倝

此當作从旦㫃㫃亦聲許不箸者江永說形聲之字聲成而義亦附許君定例形聲字多不盡箸如玉部瓏龍文玉琥虎文玉許亦第箸从玉龍聲从玉虎聲旦謂昧爽時日初出地上从旦故爲日始出㫃旌旗之游㫃蹇貌日始出光倝倝謂旦明時日初出見於地上其光倝倝半闇半明如旌旗之游㫃蹇也易君子終日乾乾正倝倝之借謂二初離潛君子守潛闇然日章

㫃 旌旗之游㫃蹇之皃从屮曲而下垂㫃相出入也讀若偃古人名㫃字子游凡㫃之屬皆从㫃

會意也有羽曰旌無羽曰旗旌旗舉統名周禮太常十有二游旂九游旟七游旗六游旐四游勿三游游其下垂者游下說旌旗之流也即今旗上旒帶於蹇著書借作偃蹇屈原書靈偃蹇兮姣服偃蹇正狀靈之來神光作離作合也旌旗之游从風旖旎亦似作離作合故曰於蹇之皃所謂相出入也从屮曲而下垂徐鉉說當只作屮相承多一畫从屮與壴同意壴下說陳樂立而上見也旗之竿首與樂筍簴皆巘巘上出故同取於屮於相出入於乃入之誤

冥 幽也从日从六冖聲日數十十六日而月始虧幽也凡冥之屬皆从冥

會意亦形聲也當作从日从六从冖冖亦聲幽下說隱也幽隱謂闇昧不見爾雅詩毛傳冥窈也孫炎說深闇之窈也許窈下說深遠也幽隱深遠闇昧皆一義謂不見也詩噲噲其正噦噦其冥鄭康成說正晝也冥夜也晝為明夜為闇夜則闇然不見物故以為深窈之喻曰就夜亦謂之冥杳曰冥

也。莫，日且冥也。昏，日冥也。皆謂日去明就幽闇也。日數十。謂自甲至癸，周而復始，故十日爲一旬。歷十日又加六日而月始虧。月虧則光向幽闇而去，朔至晦則全冥不見。其端肇於始虧也。然从日猶从十。冥以爲凡幽闇之稱，取諸日月者，觀象於天也。按此就篆文立說。古文止當作冥，冂，冪也。日有冪，所謂薄於蒙汜。

晶 精光也。从三日。凡晶之屬皆从晶。

會意也。春秋緯說陽精爲日。劉熙說日，實也。光明盛實也。晶从三日，故說精光也。與姦、垚、淼等字同例。三者盛多之意。孟子說天無二日。日可三者，春秋緯日星之言精也。陽精爲日，日分爲星。然三日正謂日分爲星。三者衆也。謂日光之精分爲衆星，非謂有三日也。曐下說一曰象形，从〇。復注中與日同，然晶晶蓋星之本字。

月 闕也。太陰之精。象形。凡月之屬皆从月。

與天顛也、日實也、山宣也、水準也、同意、易曰日中則昃、月盈則蝕、蝕正謂缺也、詩彼月而食、則惟其常食、亦謂闕、劉熙說、月闕也、滿則闕也、月陰質無光、與日衰值、半有光半無光為弦、與日正對為望、望則又弦、是月常闕也、故象闕形、制為月字、日實也、故完形象其常滿、月闕也、故半形象其常虧、日月皆中有物、日陽月陰、陽奇陰耦、故日中一、月中二、古文作D、正象弦形

不宜有也、春秋傳曰、日月有食之、从月又聲、凡有之屬皆从有、

形聲也、宀下說、所安也、所安、猶孟子言若固有之、天地萬物皆自無而之有、推言有之義、對無而言、故說有為不宜有、猶言非固有也、禮曰、有天地然後有萬物、有萬物然後有男女、有男女然後有夫婦、有夫婦然後有父子、有父子然後有君臣、凡言有之義視此、許引春秋傳日月有食之者、舉非固有之至明著者言、字从月者、月太陰之質、借日之光以為明、一月與日合朔而蘇、三月而成魄、八日

而成光十有五日與日相望而盈十有六日而虧三十日而盡復與日會而蘇人所見月之明非月所固有也制有字从月所謂觀象於天古多借有爲又書三百有六旬詩不日有曀禮記三王有乞言論語長一身有半莊子書其長尺有咫並皆又字詩毛傳又復也又之本義爲手人手左右相須無獨有偶事之又復正如手相偶助故以又手爲又復字余樾說有即又之本字从月者象月與日會周而復始然謂有無無本字說似而非

朙照也从月从囧凡朙之屬皆从朙

會意也照下說明也詩毛萇說照臨四方曰明故說明爲照照明則無所不照从月从囧與黑同意囧窗牖麗廔闓明也明獨取於窗牖者窗之設所以取明月見以夜从窗牖入照見幽闇則明易見故从月从囧制爲明字制字之原仰觀象於天遠取諸物如此古文从日今从篆文

囧窗牖麗廔闓明象形讀若獷賈侍中說讀與明同

凡囧之屬皆从囧、

在屋曰窗、在牆曰牖、窗牖舉統名、麗廔卽離婁猶玲瓏也、孟子書離婁之明、古多卽其所能以命名氏、離婁以目至明、隱無不見、故箸其能、命曰離婁也、闓開也、闓明、卽開明、約言之、囧卽謂窗隙、故象窗牖玲瓏交構之形、賈侍中說讀與明同、謂窗牖卽以取明、讀若獷、卽讀若䆪、今言窗牖之穴爲䆪䆪、空也、

夕 莫也、从月半見、凡夕之屬皆从夕、

會意也、莫从日在茻中、日且冥也、日冥而月見、謂初昏時、與旦同意、旦、日初出見地上、夕、月半見、謂日且冥時、光未盡沒、於時月霸初見、於天景未見於地、是半見也、日、一日一周天、月、一月一周天、歲星三百六旬爲一步、故取於日以名日、取於月以名月、取於歲以名歲、夕無所取、則仍取於月、人以夕見月也、

多重也。从重夕。夕者相繹也。故重夕為多。重日為疊。

凡多之屬皆从多。

會意也。重本作緟。增益也。僃作重。許於說解用通義也。夕繹疊韻。古同一音。故說夕之命名。取相繹也。夕而又朝。朝而又夕。相引無窮。故制多字。取義於夕。重疊之言。以為凡多物之名。不專於日夕。取日夕為義者。日夕相積無窮也。

毌穿物持之也。从一横貫。象寶貨之形。讀若冠。凡毌之屬皆从毌。

指事也。穿物横貫之。令可持。謂之毌。一所以穿物持之者。Ⅲ象所毌之物。象寶貨之形。即謂Ⅲ形似貨寶。貨寶泉布也。今時所見秦錢。正作四形。與Ⅲ形似也。Ⅲ象貨寶。而一横之以為穿毌字。指象其事。謂如此。是為指事。

𢎘 嘾也。艸木之𠌶未發函然。象形。讀若含。凡𢎘之屬皆从𢎘。

嘾下說，含深也。郎今所用啖字。函然謂如舌在口上深含未放花蕊之含苞有此象。人之啖物。合口朶頤。正象艸木之華未發含蕊之皃。故遠取諸物制爲𢎘字。𢎘同巳。郎函之上體。育仁謂郎函之古文。衍體爲函。篆增爲函。

𠧪 木垂𠌶實。从木𢎘。𢎘亦聲。凡𠧪之屬皆从𠧪。

會意也。巳本義爲嘾。謂人之朶頤。然。又取譬於艸木之華函然。故部屬甹甬二文。从巳。猶大象人形而部屬字或从大爲義。或从人爲義。按此郎古文朶字。木垂實與華含蕊形同。故說木垂華實。

卤 艸木實垂卤卤然。象形。讀若調。凡卤之屬皆从卤。

卤卤。艸木實下𠂢之貌。因象艸木實。下象其蹛。隸變作卣。詩。秬鬯一卣。毛萇說，卣器也。書秬鬯二卣。

爾雅、卣、中尊也、鄭康成說彝爲上尊、卣爲中尊、罍爲下尊、卤象艸木實巫、其形顯然、則卣爲中尊、乃假借字、育仁按、卣、古文當作酉、其卯酉字、本作丣、丣爲開門、丣爲閉門、二字同意、丣爲篆文改制、取八月黍成、可以酎酒、故用中尊之酉、以爲八月之酉、叜始借卤爲尊卣字、又借由爲卤、

亝

禾麥吐穗上平也、象形、凡亝之屬皆从亝、

穗、禾秀也、禾麥吐秀、望之上平齊也、上畫穎粟者三之、三者盛多也、禾麥在地、本參差不齊、其盛多望之則平齊也、隸變作齊、

朿

木芒也、象形、凡朿之屬皆从朿、

今謂芒刺、古祇作芒朿、楊雄書、凡艸木刺人、北燕朝鮮之間、謂之胡幹茦、自關而西、謂之刺茦刺郎朿之借、此本从木、說象形者、木本象形、畫木而加以𠀆、象木之生芒、故雖合體、猶是畫成其物、

片

判木也、从半木、凡片之屬皆从片、

會意也判分也凡物分之則爲半周禮媒氏掌萬民之判鄭康說判半也得耦爲合主合其半成夫婦也片爲半木猶一木分而二之故从半木

鼎

三足兩耳和五味之寶器也昔禹收九牧之金鑄鼎荆山之下入山林川澤螭魅蛧蜽莫能逢之以協承天休易卦巽木於下者爲鼎象析木以炊也籒文以鼎爲貞字凡鼎之屬皆从鼎

易鼎鼎足鼎黃耳皆爽說三足以象三台鼎之用以和五味說爲寶器者禹收九牧之金鑄鼎荆山左傳說遠方圖物貢金九牧鑄鼎象物百物而爲之備以爲傳天下之重寶竹書黃帝鑄鼎於鼎湖以禮百神春秋傳所記皆有讒鼎宋有大鼎鄭有刑鼎皆爲重器及諸書所載古鼎銘每言子孫寶用然古以鼎爲重寶以傳後世其字下从析木象析木以炊取義其孰飪五味易卦離上巽下爲鼎正

取其用析木以炊離爲火巽爲木析木炊則火在上故於文从析木而制卦取木上有火籀文以鼎爲貞郭忠恕書作古文以貞爲鼎籀文以鼎爲貞段玉裁作古文以貝爲鼎籀文以鼎爲貝育仁按當作籀文以鼎爲貝蓋緣寫貝誤爲貞無須添古文以貝爲鼎一句籀文以鼎爲貝者貞下引京房說鼎聲

克 肩也象屋下刻木之形凡克之屬皆从克

爾雅肩克也勝也詩毛傳仔肩克也其義譬解猶言當而勝之象屋下刻木之形就古文爲說克重文𠅞又重文𠅞皆說古文克按𠅞者最初之古文𠅞者次後之變體雖變其形實同取義卢象所刻之木公象刻木录录然亯从合合亭也𩫏下說兩亭相對亭亦屋也以象刻木者在屋下与與㒸同意㒸象韋束之次弟亯象刻下之歷錄然詩毛傳一輈五束束有歷錄糸下說刻木糸糸糸糸猶歷錄也克之義以爲凡相當勝之名無可取象故取於刻木之形象屋下者人所爲常在屋下克从亯

而省之、無異義也、凡克之言、謂兩相當而此勝彼、五行相克、義正如此、俗作尅、本即此字、人之尅木、以金刻之、五行相尅、惟金刻木、易勝易見、而凡事理之勝任者視此、故張揖說克、刻也、穀梁傳克者何、能也、何能也、能殺也、說爲肩者、肩乃人身擔負勝任處、

刻木彔彔也、象形、凡彔之屬皆从彔、

徐鍇說、彔彔猶歷歷也、詩毛傳、一輈五束、束有歷錄、即彔之借字、此字象古文朿之形、而制朿字之義取象於屋下刻木也、篆略變其形、制爲刻木彔彔、

嘉穀也、二月始生、八月而孰、得時之中、故謂之禾、禾、木也、木王而生、金王而死、从木、从𠂹省、𠂹象其穗、凡禾之屬皆从禾、

會意也、詩種之黃茂、毛說黃、嘉穀也、天降嘉種、維秬維秠、維穈維芑、爾雅、虋、赤苗、芑、白苗、許、虋芑苗

皆嘉穀也、公羊何休說、未秀爲苗、已秀爲禾、詩毛說、苗、嘉穀也、貽我來牟、韓詩作貽我嘉麰、外傳玉足以庇蔭嘉穀、然穀者、百穀之總名、嘉者美種之通稱、詩毛說、黃、嘉穀、即禮記之黃粱、韓詩嘉麰、即所受之瑞麥、外傳嘉穀、衆百穀、大名、許專說禾、爲嘉穀者、以禾得天地之中和、爲養人之善種、故得專嘉穀之稱、秠虋芑、皆禾類之嘉種、天所以賜后稷、故詩謂之嘉穀、猶韓詩謂瑞麥爲嘉麰也、苗即禾之未秀者、禾即苗之已秀者、許以嘉穀屬禾、故苗亦說嘉穀、稼下又說、禾之秀實爲稼、莖節爲禾、然許意謂、統言則禾爲嘉穀之大名、析言則自其種言之曰苗、自其莖節言之曰禾、自其秀實言之曰稼、禾者、今南方通食之粟、湖蘇江浙以下皆謂之稻、四川通謂之穀、今南方種稻、四川種穀、皆二月下種、四月分苗、八月收穫、禾即謂稻、詩十月穫稻、十月納禾稼、周十月當夏正八月、稻下說、稌也、稌下說稻也、周禮牛宜稌、鄭眾說、稌稉也、稉乃稻之亥、黏者、揚州其穀宜稻、稻人掌稼下地、論語食夫稻、此皆謂所常食穀之不黏者、禮記秫稻必齊、鄭康成說、大酋酒官之長、齊秫稻以釀酒、周禮餌餈、鄭說亦以爲用稻米、此則謂禾之黏者、今謂之稉米、稉下說、沛下謂稻曰稉是也、黍下說、禾屬而黏者、引孔子曰、黍可爲酒、禾入水也、以今考之、禾之黏者惟稉米爲最、亦通用以釀酒、湖南以下謂之稉米、其連稃謂之稉穀、四川謂之酒米、連稃謂之酒穀、與常食之穀是一種而稍大、種穬略後於稻、禮記秫稻必齊、及稻醢、稻醴、皆即謂黍、許說黍爲禾屬、言黍即稻之黏者、析言則不黏爲稻、黏者爲黍、統言則黍亦稱稻、得時之中、中下當有和字、班固說、六五天地之中和、以其木王而生、得時之中和、命之曰禾、猶厚蘊爲麥、淮南書張昏中種穀、筦子、亦爲春門萬物已出、可以種穀、禮記孟秋之月、農乃登穀、故說木王而生、金王而死、从木从𠂹省、禾穎必下𠂹、故以象之、

秝

稀疏適也、从二禾、讀若歷、凡秝之屬皆从秝、

會意也、秝即今所用歷字、王念孫說、適下當有秝字、適秝、即芍藥、伏儼、文穎、晉灼、李善、皆說爲調和之名、段玉裁說凡勻調謂之適秝、育仁按、適秝即歷錄、歷錄即麗廔也、詩毛萇說、束有歷錄、許冏下

說、窗牖麗廔、周禮賈公彥說、分布稀疏得所、名爲
適秝、是一義、凡物分布齊均、則實處歷錄可觀、空
處麗廔可見、秝从二禾、取立苗者、分布疏密有條
理、以明適歷之意、所謂立苗欲疏、是爲遠取諸物、

黍

禾屬而黏者、以大暑而種、故謂之黍、从禾、雨省聲、
孔子曰、黍可爲酒、禾入水也、凡黍之屬皆从黍、

會意也、禾者、黍稻之大名、析言則禾屬之不黏者
謂之稻、禾屬之黏者謂之黍、詩、不能蓺稷黍、不能
蓺稻粱、禮、黍醴、黍酏、與稻醴連言、此自其別言之、
統言則黍亦謂稻、禮、孟秋之月、農乃登穀、季秋之
月、以犬嘗稻、稻卽謂黍、穀乃謂禾、禾下說、嘉穀也、
禾統稻黍之名、亦專謂稻、詩、十月納禾稼、正謂收
常食之稻、十月穫稻、爲此春酒、稻則謂黍、禮、乃命
酋人、秫稻必齊、秫稻用以爲酒、可知稻亦謂黍、稻
下說、稌也、稌、稻也、許說沛國謂稻爲稬、郭璞說、沛
國呼稻稌、稌、稌稬一語之轉、與黍音相近、然稌稬卽
黍之異名也、黍本卽稻之黏者、故稻得統黍之名、
稻之不黏者曰穛、次黏者曰稉、稉故許說秔稻、二

者以爲飯黍其最黏者用以爲酒以其殊用故又別之引孔子曰明會意之例

香芳也从黍从甘春秋傳曰黍稷馨香凡香之屬皆从香

會意也芳下說香艸也因之凡香者曰芳黍卽稌類周禮牛宜稌謂牛爲太牢食宜稌取其馨香相得禮記黍曰薌合薌卽香謂黍之芳香盛飲食之達臭者莫如酒周人尙臭灌用鬯鬯下說以秬釀鬱艸芬芳攸服也黍以爲酒故从黍凡物味甘者其臭芳故从甘

米粟實也象禾黍之形凡米之屬皆从米

象形也粟下說嘉穀實也禾下說嘉穀也穀者百穀之總名凡養人者皆曰穀人所常食以稻爲先故稻得專穀之名禾亦統稻黍言之稻乃禾之不黏者稻專用以爲飯故稻又專用禾之名也初生曰苗莖節曰禾成秀爲采秀實爲稼連稃曰粟去稃存實曰米自其爲食養人則通可曰穀許說禾爲

嘉穀、粟爲嘉穀實、米又爲粟實、則專謂禾米、禾米卽稻米、黍爲禾之黏者、與稻同物、然米正專謂禾黍之米、周禮倉人掌粟入之藏、鄭康成說、九穀盡藏焉、以粟爲主、則謂禾黍專得稱粟、米爲粟實、亦本爲禾黍之專稱、故制其字象禾黍之形、因以稷梁秠麥、用以爲食者、亦類稱其實曰米、爾雅文學說六穀爲六米也、四點上短象禾米、下長象黍米、十畫以界之、令可相別意、

毇 米一斛舂爲八斗也、从臼从殳、凡毇之屬皆从毇

糲下說、粟重一秳爲十六斗大半斗、舂爲米一斛曰糲、一斛十斗也、算術、粟率𣇴略五十、糲米三十、張晏說、一斛粟七斗米爲糲、粟十六斗大半斗爲米十斗、得三分之二而弱、與算術率同、張晏說得三分之二而强、糲米一斛、爲粟十六斗也、取糲十斗、舂爲八斗、實粟十六斗、舂爲八斗、適當二分之一、粲下說、稻重一秳爲粟二十斗、爲粟十斗、曰毇、爲米六斗大半斗曰粲、粟二十斗、舂爲米十斗、適當二分之一、然毇卽今所謂對陳米也、自糲米言之、則十斗舂爲八斗、率當五分之四、故算術說糲

米三十、糲米二十七、糳米二十四、二十四乘三十、適當五分之四、惟以糳爲糲、以糲爲糳、與許互易、自粟言之、則十六斗舂爲八斗實二分之一、正與粲下說、粟二十斗爲米十斗曰毇數合、今人常食米率對陳、卽毇也、凡粗者、率三分得二、謂之糲、精者率三分得一、謂之粲、亦謂之侍御、得半者謂之毇、亦謂之糲、對糒言則爲精、對粢言則爲粗、徐鍇本此、下有毇糲米三字、从臾殳、臾舂糗也、从殳、殳所以舂、古殳用木、與臼杵同物、按臾、卽古文毇、

臼

舂也、古者掘地爲臼、其後穿木石、象形、中米也、凡臼之屬皆从臼、

臼、舂也、猶說箕簸也、勺、挹取也、名臼爲舂、卽其用以名其物、今方俗猶謂勺爲舀、謂箕爲簸箕、勺臼之爲物、不待說知、故說其用以釋之、許於說解、達意而已、古者雍父初作臼、其始掘地爲之、故制臼字與凶同意、凶象地穿交陷其中、臼象地陷、中穴象所舂之米、育仁謂穴象米粒、卽粟實、从米去十、

卽去糈也、

凶

惡也、象地穿、交陷其中也、凡凶之屬皆从凶、

指事也、惡者善之反、凶者吉之反、故善爲吉人、惡爲凶人、書六極五曰惡、左傳好行凶德、正謂惡行、乂、㐫下說、象腹交文、交下說、交也、凡乂爲交互之象、故說陷其中、凵象地穿陷也、地穿交陷之象、易曰坎險、育仁按、就篆說如此、古文本義、凶謂凶年、凵卽掘地之臼、乂取米中十、去其粒、謂凶年米無實、臼中但見糈、

朩

分枲莖皮也、从屮、八象枲之莖皮也、讀若髕、凡朩之屬皆从朩、

分枲莖皮者、謂剝取枲之莖皮也、本謂分枲莖皮爲朩、因以名名枲之莖皮、猶剝取獸皮者謂之皮、因以名所取之獸革、原初作麻枲、取草木之莖皮、分而析之、其物未有主名、但語言謂用手分析莖皮

爲朩、朩讀若髕、髕之言擘也、後因以手分析之名
爲所分物之名、論事則先有麻枲之物、而後人治
之、推原則麻由人治而成、未治則仍同艸木、故先
有人治之之名、而枲𣏟麻纑皆从擘乳、朩擘雙聲
古同一讀、卽孟子書辟纑之辟、但纑是緝績而成
之、朩是自莖而離析之、今蜀方言、謂之刮麻是也、
本謂分枲莖皮爲朩、因目枲莖皮曰朩、猶取木之
汁以桼物、因名所取汁之木爲桼、定名以達意制
字以傳言、於文从从中、麻枲未治、亦艸本也、从八、八
別也、人以手分析之、亦象枲之莖皮、兩旁離析、

𣏟 葩之總名也、𣏟之爲言微也、微纖爲功、象形、凡𣏟
之屬皆从𣏟、

會意也、與絲同意、絲从二糸、𣏟當言从二朩、絲从
二糸、義取分而析之、𣏟从二朩、義亦取分也、凡絲
麻必須劈之、然後緝之、二糸二朩、義主析分、朩而
二之、緝而纏之、二糸二朩、緝合以成絲麻之義、卽
具葩之總名、字誤葩、段玉裁說以爲葩字、葩枲屬
實也、𣏟卽麻字、無取謂枲屬實之總名、亦非也、徐

鍇說萉麻也，義是矣，而萉無麻訓，蓋卽麻之誤，𣏟者，初制之文，麻卽𣏟之又體，而經傳皆用麻，而𣏟廢，故以麻釋𣏟，𣏟謂爲枲已治者之總名，未治曰枲已治曰麻，以其用名，則未治亦當統稱麻，𣏟之爲言微也，謂分而析之，合而緝之，起於細微，二事相因也，正說从二朩之意，亦說其命名所取義也，𣏟古音迷，春秋緯麻之爲言微也，正𣏟麻微同字之證，麻者𣏟之或體，故麻下說與𣏟同，微纖爲功，辟績之事，以微纖成用也，絲起於糸，𣏟起於朩，皆必擘而緝之，喪服大功小功，謂十五升布，其縷多，功細，十升布，其縷少，功粗，故以名之，

麻 與𣏟同，人所治在屋下，从广从𣏟，凡麻之屬皆从麻，

亦會意也，與𣏟同，謂卽𣏟字後出之文，从而加合體也，猶裘本止作求，又加衣作裘，稭本止作禾，又加尤旨作稭，蕚本止作咢，又加艸作蕚，亩或體加禾作稟之類也，經傳相承，俱作麻，不作𣏟，遂不知

𣏟𣏟爲一字矣、正其名則已治者曰麻、詩、不績其麻、麻衣如雪、書、麻冕蟻裳、禮、麻經麻帶、論語、麻冕、孟子、麻縷絲絮、皆謂已治者、以其用名其物、則未治亦曰麻、詩、蓺麻如之何、可以漚麻、丘中有麻、周禮、𣏟艸之物、皆統未治者言之、麻爲已治者之名、故字从广、广、高屋也、人治麻必在屋下、女工之事也、有𣏟部、復有麻部者、以其所屬字分之、猶蕚雩禾稽、人大之分部也、

尗豆也、象尗豆生之形也、凡尗之屬皆从尗、

古爲尗、今爲豆、經傳諸書皆作菽、至國策始言五穀所生、非麥而豆、乃由方語假借、漢以後始通謂尗爲豆、菽乃後出字、豆乃後人語也、部下叔、說、配鹽幽尗也、重文豉、說俗叔从豆、蓋漢時俗字、因呼尗爲豆、遂改从尗之叔从豆也、象尗豆生之形者尗多蔓生、結實下垂、卜象其蹏、與鹵同意、八象實下垂、丅象所以支蔓之枝、

耑物初生之題也、上象生形、下象其根也、凡耑之屬

皆从耑、

題、頟也、凡艸木之生、初生者常在下、後長者常在上、大戴記、地之所生、下首、是艸木初生之根荄、猶人之頟也、故說耑爲初生之題、上同中半見、象其端上見也、下與而同意、象其根下𠂢也、中一地也、才屮非屯氏至、皆說一爲地、耑爲始生題、象其根者、與乇同意、育仁謂岦从耑省、或耑从岦演、古文端微本字、

韭 菜名、一種而久者、故謂之韭、象形、在一之上、一地也、此與耑同意、凡韭之屬皆从韭、

菜名、當作菜也、一種而久、故謂之韭、猶厚薶爲麥得時之中和爲禾、說其名所取義、韭叢生多莖、韭非象其莖之多、三之者、略不過三也、一地也、與才屯氏至同意、與耑同意者、謂耑中一亦地也、耑爲物之初生、韭爲菜之久種、同取一以象地、艸木麗乎地、初生與久種包舉之矣、是爲建類一首、耑之一

猶非之一、彼此可以互證兼明、是爲同意相受、

㼌也、象形、凡瓜之屬皆从瓜、

㼌當作蓏、易爲果蓏、蓏下說、在木曰果、在地曰蓏、瓜者蔓生之物、藤布於地、徐鉉說、外象其蔓、中象其實、按瓜本謂其實、兼象藤蔓者、與耑毛象根同意、亦骨脊从肉之義也、

瓠

匏也、从瓜夸聲、凡瓠之屬皆从瓠、

形聲也、匏下說、瓠也、詩、匏有苦葉、毛萇說、匏謂之瓠、瓠之爲言壺也、謂其中郭然有容似壺、故亦謂之之壺、詩、七月斷壺、毛說壺匏也、其物即論語之匏瓜、今人謂之壺蘆、可以浮水、尸子中流失船、一壺千金、壺即瓠、莊子書、五石之瓠、何不以浮於江湖、

宀

交覆深屋也、象形、凡宀之屬皆从宀、

古者屋爲四注、中有堂、前有楹、後有寢、東西有房、四下交覆、故曰深屋、鬲下說、宀、宀不見也、深窈則

自外不見詩夏屋渠渠毛說渠渠深也部屬有宛害窾等文不取義於屋然取交覆爲義也

室也从宀躳省聲凡宮之屬皆从宮

會意也許說从躳省聲家之从豭省聲哭之爲獄省聲宐之爲多省聲皆顯然豕字犬字夕字呂字既以獨體成文則不得爲合體某之省按當从宀从呂呂爲脊骨人之中也在人後宮室也亦謂之寢爾雅室有東西箱曰宮曰廟無東西箱曰室曰寢然宮正在堂後居中之寢故取於人背呂之居中在後合交覆深屋之宀制爲宮字是爲近取諸身易入其宮不見其妻荀爽說宮室也詩毛萇說室猶宮也爾雅宮謂之室室謂之宮

膂骨也象形昔太岳爲禹心呂之臣故封呂侯凡呂之屬皆从呂

呂篆文作膂部首先古文者以躳字从古文膂下說呂骨也象膂肋之形析言則膂統膂肋言之呂

專謂脊椎，兢言膂，即謂椎也。人身項下尻之上，計二十一椎，皆謂之呂骨，亦稱脊骨。8象骨節相承，中象骨中髓也。國語胙四嶽，即大嶽國，令爲侯伯，賜姓曰姜，氏曰有呂，謂其能爲禹股肱心膂，以養物豐民也。養物說賜姓姜之取義，心膂說氏爲呂之取義也。呂，古文膂，小篆衍體，實一字。

穴 土室也。从宀，八聲。凡穴之屬皆从穴。

象形也。古者樸陋，貧人無宮室，則正鑿土作穴，陶其下，爲室以居人也。詩陶復陶穴，毛萇說，陶其土而復之，陶其壤而穴之。鄭康成說，復者復於土上，鑿地曰穴，庾蔚之說，復謂地上累土爲之，穴則穿地也。育仁按，毛鄭皆謂側穿爲復，正鑿爲穴，復猶覆也，从側穿入爲室，則土覆於上，有如以土覆之，正鑿則其中爲霤，亦必空其四旁以爲室，故毛說穴謂陶其壤，鄭說皆如陶然，惟庾說小異，許復作𥤢說地室也，此說土室，正謂其始雖側鑿，正鑿不同，要爲穿土爲室則一也。宀、交覆深屋，土室不得爲交覆深屋，然當象穿土爲室之形，篆文說爲形聲。

㝱

寐而有覺也、从宀从疒、夢聲、周禮以日月星辰占六㝱之吉凶、一曰正㝱、二曰㖾㝱、三曰思㝱、四曰悟㝱、五曰喜㝱、六曰懼㝱、凡㝱之屬皆从㝱、

卽今人所用夢字、覺猶知也、人寐則無所知、因生想、想生夢、神之所動、如晝之所爲、是寐而有知覺也、从宀、从疒、宀、交覆深屋也、人所偃息、疒、倚也、夢必待寐而生、偃息倚箸、所以成寐、當作从夢、夢亦聲、夢、不明也、夢者、髣髴有覺、實非眞覺、故从夢、引周禮者、明古文占夢以日月星辰、卽後來六壬太乙占課所本、

疒

倚也、人疾病、象倚箸之形、凡疒之屬皆从疒

指事也、倚、謂人傾倚不能立也、人疾病、則恆有所倚箸、首仁謂卽古文病字、从古文牆加一爲疒、古文牀字、然當作疒、以識之、所謂視而可識、察而可見、

冖

覆也。从一下垂也。凡冖之屬皆从冖。

指事也。覆下說蓋也，襾下說覆也，凡有所覆蓋於上，皆曰冖，非專謂以巾幂物。凡覆者必上冃下𠕲，故从一下𠕲，以爲冖字。宀下說交覆深屋也。冖與宀同意，宀不說从冖者，宀象屋交覆形，冖畫一而下𠕲之，以指明其事。猶云凡覆者視此，同爲最初之文，無所从受。其取下覆則同意。顧野王專說爲以巾覆物，非。巾字亦从冖也。按冖卽幂，冪古文，篆增偏旁區別。

𠔾

重覆也。从冂一。讀若艸苺苺。凡𠔾之屬皆从𠔾。

會意也。冂，覆也，因而重之，故爲重覆。重覆猶重復。一下𠕲爲冂，冂下加一爲重覆，此卽蒙字。下有二則象形爲物矣。二字一意相轉，所謂同意相受。讀若苺苺，苺當作𡴆。𡴆下說艸盛上出也。段玉裁說𡴆每隸變作每。左傳原田每每，晉君美盛，若原田之艸每每然。𠔾冂今音雙聲，古音一讀，故𠔾讀若苺。

冃

小兒蠻夷頭衣也。从冂；二，其飾也。凡冃之屬皆从冃、會意也、小兒未冠以巾抹首、蠻夷不知冠亦以巾抹首、衣依也、古謂依於身者通謂之衣、履下說、足衣也、移以言物、凡被於外者謂之衣、輜下說、衣車也、蓱、水青衣也、故冃爲頭衣、冂、覆也、从一下豕、冃者以巾抹首、冪其上、豕其下、正與用物覆物同、故从冂二者、因而重之也、冃下說、重覆也、用巾冪首複加於首、單豕於下、今猶如此、許說二象其飾、非荀卿書、古之王者有務而拘領者矣、楊倞說、務讀爲冒、冒當作冃、今俗作帽、古者未有冠冕、其制如此、後聖有作、因冃以制冕、故冕从冃、

兩　再也、从冂闕、易曰參天兩地、凡兩之屬皆从兩、

會意也、再下說、一舉二也、顧野王說、再、兩也、孫愐說、再、重也、再者、因而重之之謂、兩者、分而比之之謂、其爲二則同也、故說兩爲再、从冂、冂、覆也、覆之猶言舉之、所謂一舉而二也、中从从、从、从下說、二入也、許闕、謂从二入之義難說、育仁按、陰陽之數、陽奇陰耦、易有太極、實生兩儀、此爲兩字之最初與、

再同意皆从一下覆而中界之即分而爲二以象兩从㒳者蓋象兩貝爲一朋貝者海介蟲古者貨貝如今用泉幣兩貝相聯即銖兩所緣起銖兩字作兩兩从一㒳班固說黃鐘重一龠龠重十二銖㒳之爲兩故二十四銖爲兩然兩正謂㒳黃鐘之重故从一㒳猶言一雙也經傳㒳通作兩由其義本通易曰參天㒳地今作兩地

网

庖犧所結繩以漁从冂下象网交文凡网之屬皆从网

會意也結繩正謂結繩爲网罟與古結繩而治同名異實易繫辭庖犧氏結繩而爲網罟以佃以漁此檃括之謂网即庖犧氏所結繩也易兼說佃漁許專說以漁者以网字專象魚网之形从冂冂覆也漁网必覆下以取魚从㸚象网交文高下說㐅象腹交凶下說交陷交下說交也象六爻頭交爻下說其孔爻爻然㸚即爻字而橫書之以象网罟之交文其孔爻爻然也从冂以象其綱从㸚以象其

目會意，亦可謂象形。

襾

覆也。从冂，上下覆之。讀若晉。凡襾之屬皆从襾。

會意也。覆下說蓋也，此與亞同意，亞下說醜也，象人局背之形，賈侍中說爲次第，而讀若晉，亞部晉許音義皆闕，育仁按：晉當从日，篆體沿譌上連，譌作日，亞卽啞字，東方朔說伊優亞，詞未定也。亞卽啞之借，啞从口，亞聲，讀若晉，卽讀若啞，背有所負則局其躬，不能出言，故與啞同訓，爲醜，引申爲次猶言不若人也。冂，覆也，中从口，口下說張口也，上从一，丂下說欲舒出，上礙於一也，毋下說一以止之。然而正从張口而冂以覆之，一以止之，人張口欲言而而有重掩之者，是覆蓋之，察而可見，故以爲襾字，篆文說如此，育仁謂襾卽古文覆字，篆文複體配聲作覆，許君仍存古文說於部首，故說从冂上下覆之。

巾

佩巾也。从冂，丨象系也。凡巾之屬皆从巾。

此與市同意巾从冂从丨以象系市从巾从一以象帶按文則从冂从丨从巾从一當爲會意比物則从丨从一非取義而取形从冂从巾雖取其義亦以同是下垂之物故取同形以象其物蓋均爲最初之文也佩巾帉帨禮作紛帨鄭康成說拭物之佩巾也楊雄書大巾謂之帉詩毛說帨佩巾也析言則大爲帉小爲帨統言則帉帨皆稱佩巾古者居必有佩巾爲系以佩於帶問帶下說佩必有巾也巾本爲佩巾因用以箸於首急就篇顏師古說巾者一幅之巾所以裹頭

市 韠也上古衣蔽前而已市以象之天子朱市諸侯赤市卿大夫葱衡从巾象連帶之形凡市之屬皆从市

與巾同意韠下說韍也韍卽市市者最初之文韍者孳乳之字經傳多作韍禮鄭康成說韠之言蔽也詩赤芾在股作芾鄭說芾太古蔽膝之象也冕服謂之芾其他服謂之韠以韋爲之然析名則惟

祭服稱市統名則韠卽市也上古衣鳥獸羽皮其初但蔽前而已後聖有作易以冠裳仿其蔽前之衣制爲韠韍取以蔽前也命之曰市因其物下垂爲用故取巾下垂以象之又連屬於帶故取一以象帶禮記曰韠頸五寸肩革帶博二寸鄭康成說頸中央肩兩角皆系於革帶詩斯干毛說芾天子純朱諸侯黃朱采菽說諸侯赤芾禮記一命縕韍幽衡再命赤韍幽衡三命赤韍蔥衡周禮公侯伯之卿三命其大夫再命子男之卿再命其大夫一命說蔥衡舉其尊者象形古文篆別作韍

帛繒也从巾白聲凡帛之屬皆从帛

形聲也當作从巾从白白亦聲繒下說帛也凡帛已治曰練未治曰縞有文曰錦已染曰采統名曰繒曰帛書五玉三帛馬融說赤繒黑繒白繒則帛爲已染者周禮鄭康成說帛今之壁色繒禮記說素生帛也則帛爲未染者从白本爲未染之名練之質色白也从其初稱故已染亦稱帛與絜皀素字同意从白猶从糸白卽絲之質也巾佩巾也佩於身常下垂凡繒帛細滑易下垂故从巾猶絜从

衺也、

白 西方色也、陰用事物白、从入合二、二陰數也、凡白之屬皆从白、

會意也、五行西金、故白爲西方之色、物既老而色白、西方者秋、秋之言揫也、揫斂也、丣古文酉下說丣爲秋門、萬物已久、天地之性、陽開而陰闔、陽出而陰藏、秋主閉斂、故白从入二、二下說地之數也、合二以爲西方之色、古文作白、外从勹、中从二、與包同意、有仁按面鼻作白、伯仲作白、白色作白、象誤提爲一字、

㡀 敗衣也、从巾、象敗衣之形、凡㡀之屬皆从㡀、

指事也、㡀、卽今所用敝字、敗衣、卽敝衣、猶言衣㡀也、詩、敝予又改爲兮、論語、敝之而無憾、禮記、敝帷、賈誼書、冠雖敝、皆當作㡀、經傳通借敝、衣者、人所依、古謂凡附於身曰衣、巾佩於身亦猶衣也、用以

冪首則爲首衣故周禮巾車鄭康成說以爲衣車故㡀从巾上下畫之以象折縫之形所以指其事如此也

黹

箴縷所紩衣也从㡀丵省凡黹之屬皆从黹

會意也箴當作鍼箴下說綴衣箴也鍼縫也禮記紉箴請補綴荀卿書箴賦皆借作箴縷績麻爲綫也紩縫也紩本謂綴合之因之用鍼綫繡文采亦曰紩箴縷所以紩衣謂用鍼貫綫所繡之衣爾雅黹紩也書絺繡鄭康成作希繡說希讀爲黹黹然紩即黹黹希同實而有異名許書無希篆而絺稀等字用以爲聲疑有奪脫希从爻爻交也謂繡文从巾巾即衣也黹上从丵省丵下說象叢生艸丵嶽並出五采章施於五色作服文之道畫似之下从㡀㡀敗衣也敗則有折縫鍼綫所紩衣辟緝重綴如補折然故从㡀

說文解字部首上卷終

共四本

說文部首

（三）

說文解字部首下

富順宋育仁箋學

弟八

人 天地之性最貴者也此籀文象臂脛之形凡人之屬皆从人

天地之性、性、生也、天地之生、草木禽獸皆是、然惟人稟天地之靈、受陰陽之中、故爲最貴、禮記、人者天地之心也、五行之端也、孝經、天地之性人爲貴、列子榮啟期說、天生萬物、以人爲貴、此籀文者對古文言、如大說、古文大、大說、籀文大、象臂脛之形、文當作人側立見一臂一脛、象取整齊耳、部二百四十文皆取人爲義、夊、夂、久、等字、則取脛爲義、惟仞取伸臂一尋八尺、人宜象全體、專取象臂脛形者、既有子以象初生之全體、又有大以象成人之全體、故制人本字、反取象臂脛形、象行人也、違覩

行人則見側面一臂一脛戴天履地曰立往古來
今曰行立與行人之事備矣故立从人在地上金
木水火土謂之五行也儿下說解引孔
子曰在人下故詰詘正謂人字象脛形

𠤎

變也从到人凡𠤎之屬皆从𠤎

會意也變下說更也人者天地之性最貴受陰陽
之中順也从人而到之是變異反常蓋即變古文
㒸部下化義通化下說教行也然變而之善者當
作化變而之異者當作𠤎變化不專謂人亦謂物
从人人者近取諸身也

匕

相與比敘也从反人匕亦所以用比取飯一名柶

凡匕之屬皆从匕

會意也與𠤎、从、从、从皆同意比密也敘猶次也从
比之字籀文多作匕然匕猶比也比下說二人爲
从反从爲比匕亦从反人正與同意人順書向右
匕反書向左與人比而觀之則兩相向相向是相

與比敘之義也所用以比取飯之柶即今之箸須兩比然後右用因取譬以爲物名禮亦名柶即本密比私也从反人自營爲厶反人爲匕畢人制字以教天下

从

相聽也从二人凡从之屬皆从从

會意也即今所用從字聽許也相聽謂相許也今人猶言聽从詩曾是莫聽左傳言不聽正謂不從禮記姆教婉娩聽从此與𠨊𠨊同意二人順相前後爲从二人反順相並爲比二人順逆相背爲北

比

密也二人爲从反从爲比凡比之屬皆从比

會意也與从北互義密相密邇也从比之字𥝢妣秕籒文作𥝢妣秕匕說爲相敘比比說爲術其義一也从從二人向右比從二人向左二人相右亦順也所謂將順其美擇善而从故義爲相聽从比亦二人相前後然反右向左則二人相隨而俱左故義爲私密密易比之匪人論語君子周而不比小人比而不周包咸說比阿黨也今比分不上去三音古無別

北

菲也、从二人相背、凡北之屬皆从北、

會意也、與从比同意、菲、違也、戾也、二人一向右、一向左、兩相分背、是菲戾也、二人爲從、反从爲比、相背爲北、同意相受也、韋昭說古背字、謂北方、猶言背方也、背至于北嶽、伏勝說、北方、伏方也、陽气在下、萬物伏藏、北方爲冬、天气上騰、地气下降、天地不通、人天地之性最貴、受陰陽之中、故二人相背以爲北字、

丠

土之高也、非人所爲也、从北从一、一、地也、人凥在丠南、故從北、中邦之凥在崐崘東南、一曰四方高中央下爲丘、象形、凡丠之屬皆从丠、

會意也、石之高者爲山、土之高者爲丘、析言如此、統言丠亦謂山、周禮鄭康成說、土高爲丘、爾雅四方高中央下爲丠、字形正象之、故謂象形、倉頡造字、實取人居在丠南、故說从北从一、爾雅非人爲

之丠謂人力所爲曰京非人力所爲丘也人居在丘南丠卽謂崑崙丘崑崙丘之最大者也山海經崑崙之虛在西北帝之下都虛下說大丠也崑崙丠謂之崑崙虛然崑崙丘在地之北故海內中邦人所居者在丘南北卽丘隸變作丠作丘取崑崙丘在地之北从北从一以統爲凡丠之名一地也从北从一如言北在北地古文作𡍮从土

㐺

眾立也从三人讀若欽崟凡㐺之屬皆从㐺

會意也與𦍌品雥𩇔例同物以三而盛也取於成數國語人三爲眾獸三爲羣女三爲粲太从大在一上二一地也大人也卽謂人立地上大象人全體𠆢象人脛之形脛人所以立也故从三人說爲眾立

𡈼

善也从人士士事也一曰象物出地挺生也凡𡈼之屬皆从𡈼

會意也、徵下說、壬徵爲徵、行於徵而聞達者、以行訓壬、然善、正謂善其行也、从人、人天地之性最貴者、孝經天地之性人爲貴、孟子仁者人也、仁人人心也、謂人心皆善、仁乃是人之所以爲心、仁者人之性、心之德、善之長也、故壬釋爲善、上體从人、書鄭說詩毛說士、事也、人中有士、士在人中、是推十合一、猶云特達之選、推而進之、士所事也、壬徵爲徵即取此義、象物出地挺生、異義則下當從土、土之與土、壬之與王、究義則異、徵文則同猶丨引而上行、引而下行、其形無別

重

厚也、从壬、東聲、凡重之屬皆从重

會意也、厚者重疊之義、凡物重疊則權重、古音重疊與輕重無二義、亦無二音、管子書又重思之、班固書丞重聽陰重人、皆兼二義、故量字亦从重、許說爲稱輕重、班固書量所以量多少、衡所以稱物平輕重、有多少則有輕重、注家每言斗斛重若干、許君名慎字叔重、依後人分之、當作輕重之重、於時歌之曰、五經無雙許叔重、雙重爲韻、可知古無二音二義也、厚者薄之對、重者輕之反、厚薄與輕

重義各相从故說重爲厚依篆說从壬
爲形聲按中當从車上横反古軒字

臥

伏也从人臣取其伏也凡臥之屬皆从臥

會意也伏大徐作休誤古者坐席而憑几倦而伏几謂之臥孟子書隱几而臥左傳坐而假寐是也其在牀則曰寢論語寢不尸詩載寢之牀禮記寢毋伏析言如是統言則臥亦兼寢之名寢下說臥也臥从人臣取其伏臣下說象屈伏之形屈其躬者人臣之義人之臥以身憑几俯首屈身正同屈其意

身

躳也从人申省聲凡身之屬皆从身

形聲也躳下說身也說有脫誤不可通段玉裁从韻會訂當作人申省聲乁卽人字申籀文作昌𠂈卽从籀文昌省爾雅卬吾台予朕身甫余言我也朕余躳身也身者人之體也古言自稱謂施身自謂人有所言而自稱是施身其間也故凡自謂之詞得訓爲身孟子書湯武身之正謂如施身于仁義育仁謂身本義爲裹妊有身从古文女字腹中注一與台胎朕兆同取於人之所始篆體增厂

㐆 歸也。从反身。凡㐆之屬皆从㐆。

會意也。㐆讀若依。義亦相近。說爲歸猶依歸也。徐鍇說。人之身有所爲常外向趨外事。故反身爲歸。育仁按。身者人之體也。人者心內而體外。㐆身猶反於內也。心者身之主。人之所依歸。故反身爲㐆。古言修己。必謂反身也。部屬殷一文。說作樂之盛稱殷。从㐆从殳。作樂之盛字从㐆者。樂樂也。樂所以樂於中。象之而作樂。古無二音二義。禮記樂由中發。孟子書反身而誠。樂莫大焉。故殷从㐆。正此義也。殳殊也。始作翕如。縱之純如。皦如。繹如。以成。有章而不紊。是殊之義。

衣 依也。上曰衣。下曰裳。象覆二人之形。凡衣之屬皆从衣。

象形也。依倚也。衣者人所倚著於身也。統言凡衣著於身依著。著於物者。皆曰衣。巾曰頭衣。被曰寢衣。轄曰車衣。落曰地衣。析言則上服曰衣。下服曰裳。衣之本義。專爲上服之名也。易曰。黃帝堯舜垂衣裳而天下治，蓋取諸乾坤。衣爲上服之名，故製其文專象上服，𠆢象曲領，與𠂤字同。下从𠆢，與巫同意，象衣之兩袖也。巫下說象舞袖之形。余樾說衣本義爲被，二人象夫婦。

裘 皮衣也。从衣，象形。一曰求聲。與衰同意。凡裘之屬皆从裘。

古者食鳥獸之肉，衣其羽皮。後聖因之，制爲裘。裘，顧野王說裘皮衣也，古今通語。重文求，說古文裘。今用爲干求字。凡經傳皮衣皆作裘，干求皆作求。初制字，裘祇作求，[illegible]象領脊，公象毛出見於外，此物象形最初之文。孳乳漸生，以類相从，復加衣字，猶衰本制爲兩衣广，後加艸作蓑，而用衰爲盛衰等衰也。一曰求聲。四字衍文。衰下說从衣象形，與裘同意，所謂建類一首，同意相受。衰裘皆衣之類，故从衣。衰古文作[illegible]，[illegible]象[illegible]領，[illegible]即冄字。冄下說毛冄冄下垂也。原初制字，比其同物，共取一形。衰者雨衣，所以備雨，蓑艸爲之。古文[illegible]正象茅發婆娑之形，非先有冄字，衰字从之，故不說从衣从冄。裘从古文求加衣，裘从古文裘省，加衣，俱說象形，象形，正說古文求，求乃是畫成其物，求上象領，裘象上象摯領，求下象毛下垂，裘下亦象毛垂，制字之初實取同意，猶巫之與工，爾之與爽，瀍之與瀱，讟之與美，組之與符，官之與師，庶之與庶，勺之與包，與之與予，弄之與吞，非之與耑。

考也。七十曰老，从人毛匕，言鬚髮變白也。凡老之屬皆从老。

會意也，考下說老也，書考終，詩壽考，胡考，皆謂老禮記七十曰老而傳，又曰死曰考，人死則傳於後七十曰老，亦傳事於子，舅沒則姑老，故考老同義匕即化字，老則須髮形容俱變，專說鬚髮，以老字从毛匕轉注之說為建類一首，同意相受，許書與考老為例，諸家皆不得其指，育仁按，六書之原，指事象形，會意，形聲四者為經，轉注，假借二者為緯，不得離指事象形會意形聲四者，指某字專為假借則亦不得離四者，指某字專為轉注，凡許所稱與某同意，即說轉注，巫與工，爾與爽，哀與裘之類皆是由考下未說與老同意、故說者滋疑、其實同意相受之字、許隨舉見例、不盡著也、老合三字會意、其所以明老之義者、專在匕字、考从老省、是爲一首、說从丂聲、實於丂取義、丂下說气欲舒、上礙於一、人老則气衰、是欲舒出而有礙、正與匕取須髮變同意、猶爾與爽、巫與工、衺與衰、所取形義皆不類而類、取彼注此、互證益明、是爲相受、屮向上者古文髮字、乀向下乃毛字、

毛

眉髮之屬及獸毛也、凡毛之屬皆从毛、

象形也、在人則名爲眉、爲髮、爲須、爲𦓐、爲髯、爲髭、而下說頰毛也、須下說而毛也、眉下說目上毛也、在獸則統謂之毛、按古文屮分向上爲髮、向下爲毛、

毳

獸細毛也、从三毛、凡毳之屬皆从毳、

會意也、細毛、毛細縟者、即毧毛、書、鳥獸毧毛、馬融說毛溫厚皃、許書無毧字、引作毴毛、又引作氄毛、毴下說毛盛也、毛之細縟者、密比叢生、故爲毛盛、毛縟密則溫厚細柔、故馬說溫厚皃、周禮鄭康成

說、毳毛、毛細縟者、詩毳衣、毛說爲毳冕、許𤕤下說以毳爲罽、罽、漢時所有西胡毳布、周禮毳冕、鄭衆說、毳罽衣也、然毳冕、正取獸細毛以織爲布、成作爲服冕、故名曰毳冕、漢時西胡所貢毳布、是古之遺製、毛細必叢叢、故从三毛爲毳、按古文義當書作毳、

尸 陳也、象臥之形、凡尸之屬皆从尸、

會意也、尸卽人字而橫書之、以象人之臥、析言則隱几爲臥、偃牀爲寢、統言寢亦稱臥、尸象臥之形、止象人偃息在牀、謂寢也、陳、列也、禮記、詩毛傳皆說尸、陳也、祭祀之主曰尸、鄭康成說、當訓爲主、其實尸象神陳列而祭之、亦訓陳也、在牀曰尸、亦謂人死陳於牀、與臥無異、加死作屍、孳乳後出之字也、

尺 十寸也、人手卻十分、動脈爲寸口、十寸爲尺、尺、所以指尺規榘事也、从尸从乙、乙、所識也、周制寸、尺

咫、尋、常、仞、諸度量皆以人體爲法、凡尺之屬皆从尺。

會意也、十髮爲程、十程爲分、十分爲寸、十寸爲尺、度始於髮、成於尺、班固說、尺、蒦也、蒦卽矱、謂榘矱也、至尺而度成、可以度量長短、故說尺所以指尺規榘事也、周尺以八寸爲尺、人長十尺謂之丈夫、人一身以尺計者也、孟子五尺之童、趙岐說、二歲半爲一尺、故尺从尸、乙所以識、謂度人身每尺畢輒乙其度、度物亦然、以爲度之標識、古者聖人身以爲度、故周制諸度量皆以人之體爲法、十髮爲程、十程爲分、分取於髮也、人手卻十分爲寸口、寸取於手也、人身以尺計、尺从尸爲識、尺取於身也、中婦人手長八寸爲咫、咫取於手也、人伸兩臂長八尺爲尋、尋取於臂也、倍尋爲常者、八寸爲尺、人長八尺爲丈、合縱與橫爲丈有六尺、故倍尋爲常、常取於人之直體與橫體也、伸臂一尺尋爲仞、與尋同例、

尾 微也从到毛在尸後古人或飾系尾西南夷亦然

凡尾之屬皆从尾

會意也尾微也猶髮拔也髮之爲拔拔謂其拔起也尾之爲微謂其微末也說其名以見義楊雄書尾盡也稍也與微義通古尾微通借尾生或作微生論語微生高本亦作尾生高拔古文尸省作尸篆混合於尸字古文尾作𡲳篆提合於毛字如履屨屋居等字均當从尸就篆立說从尸爲人故謂太古之前人有尾山海經說西王母虎尾神人九尾飾系尾蓋既剝蔽後之時以皮羽系於後以飾尾西南夷亦然見班固書

履 足所依也从尸从彳从夊舟象履形一曰尸聲凡履之屬皆从履

會意也衣下說依也履說足所依古謂人所附身者通曰衣月下說小兒頭衣然履可謂人之足衣

也、从尸、尸、人也、卽几字横書之、几象人脛之形、彳小步也、著履所以便步、夂象人兩脛有所躧、履不着跟爲躧、舟、象履之形、猶舟形似刀、魚、取以爲形、卽形見義也、蔡讀說、今時所謂履者、自漢以前皆名屨、左傳踊貴屨賤、不言履賤、禮記戶外有二屨、不言二履、賈誼曰冠雖敝不以苴履、亦不言苴履、詩糾糾葛屨可以履霜、屨舄者一物之別名、履者足踐之通稱、然履本謂踐履、屨始謂舄、詩履帝武敏歆、易履道坦坦、皆訓以爲踐、以屨者人所履、因名屨爲履、猶屣謂躧履也、孟子書棄天下如敝屣、遂以爲屨舄之名、育仁按履當从皮、从復、古文復作㚄中作𠃑、雙履也、篆从古文渻複體、

舟

船也、古者共鼓貨狄刳木爲舟、剡木爲楫、以濟不通、象形、凡舟之屬皆从舟、

舩下說舟也、詩毛傳舟舩也、舟爲舩、舩名起于漢、今語亦謂舩、舩窾下說空中木爲舟也、淮南書古者窾木方版以爲舟航、高誘說窾空也、司馬遷書之厲窾正謂木空其中、舟蓋其始取木刳而空之、其形

小後乃並版合之以爲航郭璞說世本共鼓貨狄作舟舟正畫木空中之形上詰屈者象柁也特象柁者船所恃以定方

方

併船也象兩舟省總頭形凡方之屬皆从方

指事也併船謂連併兩船也爾雅大夫方舟士特舟庶人乘泭李巡說併兩船曰方舟詩毛傳方泭也方舟爲併兩船毛說爲泭者古者作舟之始刳木而空其中則其形小後世乃併版而合之以爲航其制乃大淮南書古者窬木方版以爲舟航高誘說方併也舟相連爲航高意謂航即方舟許航作抗說方舟也援方版正謂併版而合之猶今言鑲版併版爲舟與編木爲桴事類但形異耳詩一葦杭之杭即許之抗字毛傳杭渡也亦謂編木爲渡然合版爲舟曰方併兩船曰方編木爲渡亦曰方方之言並也並版並船並木其事殊其義一也故毛說方爲泭說航爲渡以詩所言非大夫之禮故不以併船爲訓許以字形象併兩船爲本義象兩舟省當作象舟省兩舟併則見爲一舟也象總

頭形謂ㄅ畫乀其處以
示相連併是謂指事

儿

仁人也古文奇字人也象形孔子曰在人下故詰

屈凡儿之屬皆从儿

仁下說親也从人二禮記仁者人也鄭康成說讀如相人偶之仁以人意相存問之言孟子書仁也者人也仁人心也儀禮詩鄭說論語何晏說亦多言人人偶人乃天地之性最貴者天地之大德曰生故人人之德主親親而博愛仁者人心之大同五常之最貴義禮智信皆以輔仁以人人意相存問而愛心具是人之耑也故仁从人二人偶即人二謂以此心所同推已及人所謂恕也仁之道不外乎恕以恕者人心所同故曰仁人心也此說仁人也即儿下以仁釋人謂人之稱名以仁具於中故命曰人儿下未說故於此說之本以仁說人仁下復著人字者从禮記孟子取其文有儿仁部復立儿部與大介分部同在人下故詰屈儿下說象人脛之形此象人行脛動故詰屈其體古文作儿籀變作八奇字作

兄

長也。从儿，从口。凡兄之屬皆从兄。

會意也。長下說：久遠也。自暫而久爲長，自近而遠爲長，人之自幼而長，亦引而長之之謂。故長幼、長短，古無二音二義。幼殤爲短，則年進爲長，亦其義也。段玉裁引《詩》：兄也永歎，倉兄塡兮，職兄斯引，僕夫兄瘁。毛傳皆訓茲，本皆作兄，俗改作況。茲者，艸木多益也。兄之本義訓益，許所謂長也。《爾雅》：男子先生爲兄，後生爲弟。先生之年自多於後生者，故以兄名，猶弟本義爲韋束之次弟，以之名男子後生者也。育仁按：茲長、長短、長幼，皆引而伸之謂。先生爲兄，猶言先生爲長；後生爲弟，猶言後生爲次，如云長子、次子也。原不然，强取也，於本義亦無用乎假借。从口，口下說：所以言食也。食以養人，口受食，是長養之義。稍長，能言能行，故从口从人。引申爲兄長，義通於長進。況者，進詞也。

先

首笄也。从儿，匕象簪形。凡先之屬皆从先。

笄下說簪也先重文簪說俗先從竹簪古者男子婦人皆用以括髮儀禮女子許嫁笄而醴之稱字賈公彥云凡笄有二種一是安髮之笄男子婦人俱有一是爲冠笄皮弁爵笄男子有而婦人無也劉熙說笄係也所以繫冠使不墜也然古謂笄漢時謂先此與皃同會意也皃从人从白白容色之正也先从人从匕匕相次比也笄有兩歧如今之釵股簪之於髮相次比也說爲象簪形象人面形者以其最初之文雖取譬成文亦畫成其物下从人人亦象形也

皃　頌儀也从儿白象人面形凡皃之屬皆从皃

會意也許說爲合體象形頌皃也頌即今所用容字頌正字容借字經傳諸書通作容詩序頌者容也美盛德之形容以容釋頌用今言以明故訓也頌儀謂容之發於外者有儀可象書皃曰恭論語動容貌斯遠暴慢矣字从白白者頌之正色周禮揚休玉色亦取其形象人面有仁按頌古文又作額谷即古文容

廱蔽也从儿象左右皆蔽形讀若瞽凡兜之屬皆从兜

廱蔽謂人有所廱不見也讀若瞽與瞽義亦同瞽目無精也兜从几而〇之以廱蔽其上取義正謂廱蔽其目故說象左右皆蔽形有所廱蔽於左右與目之無精者同其爲一無物所見也此字於經傳無徵部屬兜一文兜說首鎧也首鎧之制所以蔽首前後左右皆有蔽正合廱蔽不見之形論語言未及之而言謂之躁言及之而不言謂之隱未見顏色而言謂之瞽荀卿書不請而敎謂之傲請一而教二謂之囋請而不敎謂之瞽

育仁謂兜即古文瞽篆文衍作瞽

前進也从儿从㞢凡先之屬皆从先

會意也前即歬不行而進也許於篆文明本義於說解用通詞達意而已矣从㞢㞢出也出進也艸木之生出地自下而上達猶自此而前進也故爾雅之如適往也往篆本作㞷从㞢出土析言則前

辭緐先辭急統言一也从儿象脛育仁謂从
㞢當作㞢古止字舉趾而脛隨之前進也

禿

無髮也从儿上象禾粟之形取其聲王育說蒼頡出見禿人伏禾中因以制字未知其審凡禿之屬皆从禿

會意也上象以下文不可通蓋有譌奪若頡以下亦非許說篆體上當从禾右屈不當从禾左屈从禾从人者秀字也按从禾者禾下說禾曲頭也曲頭即屈頭謂祝之使不上長今樹木者猶言祝顛禿爲無髮之名髮猶人之顛也無髮者有似人祝之劉熙說沐禿皆無上皃之稱筦子書沐涂樹之枝正謂刊落樹枝謂之沐禿从曲頭木取義與沐義通故劉熙說沐禿同也禮鄭康成說齊人謂無髮爲禿楬莊子書謂禿爲兀者

見

視也从儿从目凡見之屬皆从見

會意也。視自內而外，見自外而內，猶聽自內而外，聞自外而內。禮記，心不在焉，視而不見，聽而不聞，統言則視見聽聞一也，故說見爲視，从人者，人用目則見物，與頁見卽頁字同意，頁古文以爲稽首字，是爲建類一首，同意相受，引而伸之觸類而長之，轉注之廣義也。

覞 並視也，从二見，凡覞之屬皆从覞。

會意也，見視也，故从二見，爲並視，猶ナ又視也，此與誩䪞竝行等字同例。

欠 張口气悟也，象气从儿上出之形，凡欠之屬皆从欠。

會意也，張口气悟者，人气志懈張口出氣覺悟也，禮記，君子欠伸，孔穎達說，志疲則欠，體疲則伸，志气之主，志疲則氣不足，故張口舒氣令惰氣覺悟，今俗謂之呵欠，欠者气不足，引而申之，故象气从人上出，彡卽气字而反書，气之用，壯爲主，疲而不足，引絀外气自助，故从反气，今人用欠闕字，正

取不足之義、

歠

歠也、从欠酓聲、凡歠之屬皆从歠、●

形聲也、歠、飲也、歠歠、凡水漿入口之稱、不專爲酒、孟子書冬日則飲湯、夏日則飲水、又渴者甘飲、易虞翻說水流入口爲飲、从欠、欠气不足也、人飢渴皆气不足、故受飲食、酓从酉、今聲、郎今音字、

㳄

慕欲口液也、从欠水、凡㳄之屬皆从㳄

會意也、人情有所慕、則口液出、今謂之口涎、从欠、欠者、氣不足而舒出之、凡人中有所不足則慕欲生、孟子書、飢者甘食、渴者甘飲、飢渴之情、皆生於氣不足、从水、郎謂口涎、是爲近取諸身、遠取諸物、郎羨之古文、

旡

㱃食气屰不得息曰旡、从反欠、凡旡之屬皆从旡

會意也、㱃食氣屰不得息、謂飲食與氣屰相息、咽中息不得舒亐也、旡重文作㒫、段玉裁說、卽詩亦

孔之優、无正字、優借字、據段義、旡與噎字近、義同。飲食與氣逆於喉中、飲食不得入、氣不得出也、氣並不得息、則不得張口舒氣、故从反欠、旨仁謂旡古文作旡、卽既本字、過飽也、故从反欠、日食盡爲食既也

第九

頁頭也、从百从儿、古者䭫首如此、凡頁之屬皆从頁

頁本古文䭫字、从百从儿、會意也、與見同意、見从目从人、人用目則爲見、頁从百从儿、百卽首字、人用百則爲頁首也、篆改頁作䭫、从首旨聲、而以古文頁爲頭字、部下所屬三十九文、皆从頭取義、不从䭫取義、故許以頭釋頁、立爲部首、凡頁之屬皆从頁、下說古文䭫首如此者、明古文制頁字从百从儿、本爲䭫首字、小篆既以爲頭字、則說古䭫首之䭫如此、頁下首也、周禮、鄭康成說、頭至地也、古文爲頁首、會意、小篆爲䭫首、形聲、經傳爲稽首、段借以頁爲頭、篆改古文、與革民同例、

𦣻 頭也、象形、凡百之屬皆从百、

班固何休、亦說首頭也、段玉裁說、象側面之形、古文作𩠐、上象髮、小篆省作百、必別立部首者、以𩑋字从小篆百、不得并屬古文𩠐部、猶有𠔁部、復有匕部、有大部、復有亣部、有𣏟部、復有麻部、有𠌶部、復有雩部也、

𡇢 顏前也、从百、象人面形、凡面之屬皆从面、

兩眉之間爲顏、顏前謂自額以下、象人面形、謂象人側面形、百、小篆首、面在人首、故从百、而畫囗以明其界、是爲指事、譬曰不言、指以示之、畫百之周圍、示以謂顏前、所謂視而可識、

丏 不見也、象壅蔽之形、凡丏之屬皆从丏、

指事也、與𠀤同意、𠀤雖蔽也、从人囗、象左右有蔽之形、丏爲不見、故制其字、略象人側面右回互、而下象有物壅蔽之、雖蔽則不見、部無屬字、於經傳亦無徵、顧野王說、賓𤯔字从之、育仁按、賓𤯔字取

之爲聲、非从之爲義也、左傳反正爲乏、乏、古文作丏、丏以蔽矢、正當取象譬蔽、篆體引長詰曲、別以爲丏、取側面斜視不見物、誼同於眄、音讀近冂、臱下說、冂冂不見也、

𩠐古文百也、巛象髮、謂之鬊、鬊即巛也、凡𩠐之屬皆从𩠐

象形也、𩠐百同謂、古文𩠐、即篆文百、故說此乃古文百、與儿、古文奇字人、亣、籀文大、同例、巛在上象髮、亦多略不過三之義、鬊下說、髮墮也、古言蓋又稱髮爲鬊、巛即川字、漢碑用爲坤字、即三豎寫之、鬊川雙聲、緣古音轉、雙聲之字、同歸一讀、故又說鬊即川也、𣏟下說、與林同、此說百同、正一例、

県到𩠐也、賈侍中說此斷𩠐到縣県字、凡県之屬皆从県、

會意也、古文𩠐到書之、其義即爲到首、斷首到縣県、即班固書之梟首、孫愐說、猶引作県首、孟子書、

猶解到縣、當作県、呂調陽說、縣象讀澷、仰首觀之於
於義爲長、周禮県治象、敎象、刑象、係圖形、張之於
魏闕、人仰首觀
之、則髮懸向下、

須

面毛也、从頁彡、凡須之屬皆从須

會意也、面當作而、隸書面與而形相似、譌誤、而、頰毛也、劉熙說、口上有頿、頤上有須、在頰旁曰髯、則析言之、許君而下說頰毛、須說而毛、蓋統言之、眉亦在面、不得統謂之須、知面乃而之誤、从頁、頁、古文䭫、小篆以爲首也、彡者、毛畫飾、而顳與須成三、加髯成五、皆彡、彡下垂、取以象之、猶曰鬚眉如畫

彡

毛飾畫文也、象形、凡彡之屬皆从彡

毛飾畫文、謂以毛羽飾畫成文采也、飾、㕞也、修下說、飾也、妝下說、飾也、修絜其質、與加文采相因而成、初非二事、彡言毛飾畫文、㕞飾之義、即在其中、㕞飾在文飾之先也、彡象毛飾畫文、即今髟字、髟鬚、古同一字、皆只作彡、近取諸身、亦遠取諸物、三之者、手之列多、略不過三之例也、

彣 䰍也，从彡从文，凡彣之屬皆从彣，

會意也。䰍，有彣彰也，故說彣爲䰍。段玉裁說，凡言文章皆當作彣彰，彡，毛飾畫文，文，錯畫也，合文彡爲字，是文盛也。論語，郁郁乎文哉，正當作䰍䰍乎彣哉，郁文皆省借，

文 錯畫也，象交文，凡文之屬皆从文，

象形也，與爻同意，緣有卦爻，制爲爻字，故象六爻頭交。倉頡見蹏迒之迹，知分理之可相別異也，始制文字，故象交文，錯畫謂交錯畫之以顯文理可相別異，

髟 長髮猋猋也，从長从彡，凡髟之屬皆从髟，

會意也。長，髮猋猋，人髮長，髟髟下垂也，猋猋，髟疊韻。顧野王書作髟，从彡，彡下說，毛飾畫文，毛下說，眉髮之屬也，是爲比類合誼，後演形聲作鬣，作驪，

后 繼體君也，象人之形，施令以告四方，故厂之，从一

口、發號者、君后也、凡后之屬皆从后

會意也、虞翻易說后、繼體君也、與許說同、后之言後也、故爲繼體君、經傳多借后爲先後字、象人之形、尸、卽乁字橫書之、易曰、后以施令告四方、厂、拙也、旣說象人之形、復說厂之者、謂左旁下引而伸之、以象施令告四方、从一口、一字疑衍、从口、口以發號施令、故云發號者君后也、君亦从口、

司

臣司事於外者、从反后、凡司之屬皆从司、

會意也、臣司事於外者、承君之命以宣於外也、故六官皆命曰司、書曰、爾有嘉謨嘉猷則入告爾后于內、爾乃順之於外、君內而臣外、故从反后爲司、

卮

圜器也、一名觛、所以節飲食、象人、卪在其下也、易曰、君子節飲食、凡卮之屬皆从卮、

會意也、禮記鄭康成說、卮匜酒漿器、圜曰卮、方曰匜、韓非書、玉卮無當、正謂卮、圜器、周環無方、觛下

說、小卮也、象人、與后字同、卪在其下、卪、節字、卮从節者、育仁謂、象人側面但上其手、后从此義、取於端拱執瑁、卮从此取義於拜送爵、拜卒爵也、一獻百拜、禮以爲人節飲食也、節人事以制物名是爲近取諸身、

瑞信也、守邦國者用玉卪、守都鄙者用角卪、使山邦者用虎卪、土邦者用人卪、澤邦者用龍卪、門關者用符卪、貨賄者用璽卪、道路用旌卪、象相合之形、凡卪之屬皆从卪、

瑞者、以玉爲信也、書伏生說、五瑞、公侯伯子男所執以爲瑞信也、周禮鄭康成說、瑞節信也、行者所執之信、邦卪者、珍圭牙璋、穀圭、琬圭、琰圭、卪、正字節、借字、然瑞者、本以玉爲之、所以取信、故謂之信原指天子令諸侯守邦國、以玉爲信、所以屬諸侯命之曰瑞、馬融說、瑞屬也、所以卪制邦國、命之曰

卪、取其卪制事也、卽周禮所云、守邦國者用玉卪
書所稱五玉、鄭衆說、玠圭以下五者是也、因之諸
侯於國中、卿大夫使守都鄙、及卿大夫聘於天子、
諸侯行道所執、與司門關、主貨賄、圭道途、凡有官
守者、所執信以爲徵會、統得名之曰卪、卪者、統信
物之大名、故鄭說、猶信也、角卪以角爲之、虎卪人
卪、龍卪、以金爲之、鑄虎龍人象、符卪、如漢尺一兵
符、鄭康成說、如宮中諸官詔符、璽卪、如今印章旌
卪、如鄭康成說、今使者所擁節是也、象相合之形
者、古者天子所班瑞、及諸有官、定所持信、皆執其
一、留其一、以爲合信、書、班瑞於羣后、伏生說、無過
行者、得復其圭、自過行者、留其圭、司馬遷書、信陵
君與晉鄙合符、故徐鍇說、守國者、其卪半在內、半
在外也、㔾从反卪、亦說卪也、象相合之形、正合卪
義、㔾爲

印、執政所持信也、从爪卪、凡印之屬皆从印、
會意也、執政謂凡有官守者、周禮璽節、鄭康成說
今之印章也、古者璽不爲貴名、專用之於主貨賄

之官、以爲貨賄之信、如今人劵契之用印章、秦始變天子之言爲璽、以爲傳天下之信、漢因分別其名、諸侯王曰璽、列侯二千石曰章、千石至四百石曰印、

色

顏气也、从人从卪、凡色之屬皆从色、

會意也、顏、兩眉之間也、色根於心、達於眉間、故曰顏色、禮記、孝子之有深愛者、必有和氣、有和氣必有愉色、色之發、氣爲主、今相者猶曰氣色、記曰、戎容盛氣闐實、揚休玉色、故說色爲顏氣、从卪者、氣發於顏、須有容卪、禮記曰、色容莊、論語、色思溫、正顏色、育仁按、汗簡古文作𡕲、从兩卪相合、謂眉間氣色、與心相印、

卯

事之制也、从卪、从𠬝、凡卯之屬皆从卯、

會意也、事之制、謂事之有卪制者、卪、𠬝、段玉裁說以爲卽節奏、育仁按、卪下說、象相合之形、𠬝下說卪也、持卪者、執其一、留其一、以制事合符、此从卪𠬝、正取兩卪相合、𠬝卽卪反書之、故𠬝下說卪也

反卪猶卪，猶到匕卽匕也，與乢爪同意，卯卪相合以爲符信，所以制有司之事。

辟

法也，从卪从辛，節制其辠也，从口，用法者也，凡辟之屬皆从辟。

會意也，法卽灋，許於說解通用法，詩辟言不信，毛說法也，皇王維辟，鄭康成說法也，書罔攸辟，亦謂無所用法，人君立法者，故爾雅說后辟君也，法所加必於有罪，爾雅又說辟爲罪，書墨辟疑赦夏侯作罰，罰亦罪也，从卪法所以節制人罪，辛下說辠也，辛从辛，故亦訓爲罪，从口者所以鞫罪成辟，故曰用法者也。

勹

裹也，象人曲形，有所包裹，凡勹之屬皆从勹。

指事也，勹裹非專名一物，故不得畫成其物，故近取諸身，象人曲形，制勹裹字，凡人有所勹裹懷夾，必曲其軀，故以此指示其事，與大失夭交之取象人同意，从人建類而取譬諸身，是爲建類一首同

意相受六書之義指事會意象形形
聲四者爲經轉注假借二者爲緯也

象人褢妊巳在中象子未成形也元氣起於子子
人所生也男左行三十女右行二十俱立於巳爲
夫婦褢妊於巳巳爲子十月而生男起巳至寅女
起巳至申故男年始寅女年始申也凡包之屬皆
从包

會意也不釋其義即說形者形具於義也妊孕也
孕下說褢子也此說象人褢妊與孕同謂孕各本
从乃或作乃聲皆誤孕當從子从人象人褢子巳
成形包从勹勹亦人也象人曲形有所包裹中从
巳巳形似子無兩臂而體詰屈象人未成形也是
爲建類一首同意相受子爲正北納宮於坎十一
月陽气動萬物滋故元气起於子子爲人所生人
以爲稱也淮南書高誘說陰陽未分時俱生於子

男从子數左行三十年立於巳女從子數右行二十年亦立於巳合夫婦故聖人因是制禮使男年三十而娶女年二十而嫁然是男女會合於巳合則褢妊故說懷妊於巳巳於文亦象子未成之形其義取此易緯說大一地二人三三三而九九九八十一主日日數十故人十月而生男起巳左數凡十一得寅女起巳右數凡十得申人孕十月而生故男立命於寅女立命於申今日推命者猶本此法

茍

自急敕也从羊省从包省从口口猶慎言也从羊與義美善同意凡茍之屬皆从茍

會意也此音讀與敕同與从艸之苟字異爾雅寁速駿肅亟遄速也陸德明說亟或作茍經典亦作棘然茍正字棘借字茍訓自急敕猶自謹飭自謹飭者亟亟不及故爾雅說以爲速上本廿字下本勹字說爲从芊从包省者茍與義美善同意三字从芊故知从芊省包褢在中也自急敕者重重自謹

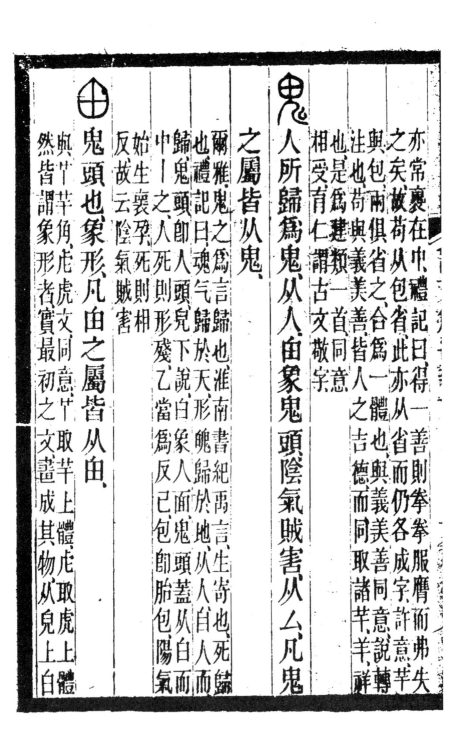

亦常褭在中禮記曰得一善則拳拳服膺而弗失之矣故苟从包省此亦从省而仍各成字許意芊與包兩俱省之合爲一體也與義美善同意說轉注也苟與義美善皆人之吉德而同取諸芊羊祥也是爲建類一首同意相受有仁謂古文敬字

鬼 人所歸爲鬼从人甶象鬼頭陰氣賊害从厶凡鬼之屬皆从鬼

爾雅鬼之爲言歸也淮南書紀禹言生寄也死歸也禮記曰魂气歸於天形魄歸於地从人自人而歸鬼頭卽人頭皃下說白象人面鬼頭蓋从白而中丨之人死則形殘乙當爲反已包卽胎包陽氣始生褭孕死則相反故云陰氣賊害

甶 鬼頭也象形凡甶之屬皆从甶

與芊芊角虍虎文同意芊取芊上體虍取虎上體然皆謂象形者實最初之文畫成其物从皃上白

而中丨之象鬼頭形惡眉隱黯不見詩曰爲鬼爲蜮量不可得有靦面目視人罔極

厶 姦衺也韓非曰蒼頡作字自營爲厶凡厶之屬皆从厶

指事也姦下說厶也衺下說褭也此即公私字厶者必作姦衺其體自上詰屈引而下復自下引而上營營爲姦衺之情形狀似此所謂視而可識察而可見蒼頡造字自營爲厶六書之指事也八厶爲公六書之會意也

嵬 高不平也从山鬼聲凡嵬之屬皆从嵬

形聲也爾雅石戴土謂之崔嵬詩陟彼崔嵬毛說土山戴石者許說嵬爲高不平从毛說也土山戴石則石在上嶔崟不平也別立部首者以巍字从之

山 宣也宣氣散生萬物有石而高象形凡山之屬皆

从山、

此與水準也、門聞也、户護也、同意、說其音也、未有文字先有聲音、山者、地之有石而積高者、其命之曰山、以其能宣氣散生萬物、古人語輕、山宣之讀固爲一音、先聖緣音以制文、後聖審音以說字、凡水準、門聞、琴禁、鼓郭、牛件、馬怒之類、皆一例、易曰、山澤通氣、山畫三峯之形、又下說手之列多、略不過三、

屾 二山也、凡屾之屬皆从屾、

會意也、卽形爲義、與玨、㗊、棥、㸚、同例、不附山部、別爲部首者、以嵞字从之、

屵 岸高也、从山厂、厂亦聲、凡屵之屬皆从屵、

會意也、屵高、連疊字、猶高峻也、厂、岩之厓、巖、人可居者、山見其上、則極高可知、故从山厂、爾雅、望厓洒而高岸、岸下說水厓、灑而高者岸、从屵、義相通、然岸可作屵、屵卽岸之古文、厂卽厓、崖、嵒、巖之古

文、

广 因厂爲屋象對刺高屋之形凡广之屬皆从广、

指事也广當作厂、厂岩之厓巖人可居者古人未有宮室下者爲營窟就山之厂以爲居處其後乃因山厂之形以造宮室爰制其字从厂而、之、从下說有所絕止、而識之原室之作仿於巖穴从厂而、之是指明其事正謂因厂爲屋也許君說對刺高屋之形蓋謂因厂厂建瓴利水象兩注屋

厂 山石之厓巖人可居象形凡厂之屬皆从厂、

崖山邊也巖崖也人可居謂其下厂內古者未有宮室人依山厂而居居卽炕許於說解通用今文也山之厂巖可居者必石而非土始不傾墮乃可居人山之厂空必在山邊故曰山石之厓巖

丸 圜傾側而轉者从反仄凡丸之屬皆从丸、

會意也圜下當有也字以圜釋丸也不說爲彈丸者古謂物圜者小大皆可謂丸丸不專爲彈丸制

字、左傳从臺彈人而觀其避丸也、莊子書市南宜僚善弄丸、爾雅蛣蜣轉丸、詩松柏丸丸、毛說易直也、松柏斯兌、毛說兌易直也、然易直就松柏爲訓也、从反仄、物之圜者、傾側輾轉、其形如一、不見有仄也、

危　在高而懼也、从产自卪止之、凡危之屬皆从危、

會意也、危本義在高而懼、因之凡可懼者曰危、从⺈厂、人在厂上、則高而可懼、自卪而止之、謂人在厂上高險不可動、如自制者然、

石　山石也、在厂之下、口象形、凡石之屬皆从石、

厂、山之厓巖、山之厓巖、其下多石、口非口字、象石方圓不等邊之形、爾雅土戴石爲砠、石戴土爲崔嵬、此从厂合體得爲象形者、厂亦象形字、石之所積、常在厂下、故制石字、連厂爲形、猶谷之連口爲形、眉之連目爲形也、

長 久遠也、从兀从匕、兀者、高遠意也、久則變化、亾聲、厈者、到亾也、凡長之屬皆从長、

會意也、事遠爲久、道遠爲長、久遠則長之義備、古謂長短與長幼不分二義、亦無二音、易曰引而伸之、觸類而長之、兼長長二義、自近而遠爲長、自暫而久亦爲長、亦以歷時久遠定名取義、从匕、匕、變也、故曰久則變化、兀下說、高而上平也、平與遠義通、故言兀者高遠意、厈卽亾字而到書之、育仁謂此非古文、

勿 州里所建旗、象其柄有三游、雜帛幅半異、所以趣民、故遽稱勿勿、凡勿之屬皆从勿、

象形也、周禮鄉家載物、鄭康成說鄉家、鄉大夫也、又司常大夫建物、州里建旟、儀禮旌各以其物、物大夫之所建也、物卽勿、物借字、旟其總名、然勿者、大夫士所建旗、此說州里所建誤、有三游、謂彡、象

勿三游周禮旃九游旟七游旗六游旐四游勿三游通帛爲旜雜帛爲物幅半異異者謂雜帛各半幅合爲旗其色赤半異古者趣民興作蓋用勿許必有所受之末聞所本舉此者說借勿爲急遽之謂其義取此也按物从勿詩二十䊪物然牧人以旗部分牲羣因名之曰物

冄 毛冄冄也象形凡冄之屬皆从冄

此說象形實會意也从二𠂆到書之以象毛冄冄下垂之皃許君說爲象形者與尸不說从人說爲象臥之形同意以其體移易也詩荏染柔木染卽冄之借此部無屬別立部首者許君所載未盡文字後有述者可从部居班固說司馬相如凡將篇以較蒼頡頗有出字育仁謂𠂆者古文髮毛正作𠂆冄其合體

而 頰毛也象毛之形周禮曰作其鱗之而凡而之屬皆从而

頰毛、統謂頰頰上毛、髯須之屬、須下說面毛、本而毛之譌、頰毛、卽須也、劉熙說、口上有髭、在頰日髯、析言各有主名、統言則髭須髯同在頰、而與須皆其大名也、故說而爲頰毛、象毛之形、卽謂象髯髭須五旒下垂也、周禮鄭康成說之而頰須也、一象鼻端、丨象人中、八象口上之髭、八象頤下之須、

豕 彘也、竭其尾、故謂之豕、象毛足而後有尾、讀與豨同、按今世字誤以豕爲彘、以彘爲豕、何以明之、爲啄琢从豕、蠡从彘、皆取其聲、以是明之、凡豕之屬皆从豕、按以豕爲彘、諸彘字皆彖之誤、蠡从彘、當作蠡从豕也、

彘下說豕也、詩有豕白蹢、毛萇說豬也、許豬下說豕而三毛叢尻、謂三毛同一孔、豕彘豬一物而三名、許分別說命名之所取、竭其尾謂之豕、與下蹢廢謂之彘、狗下說叩气謂之狗、犬下說縣蹏謂之

犬同意，亦如牛件、馬怒、羊祥之說其音也。彖毛謂首，一象鬣。豕曰剛鬣，左彖四足，後有尾，所謂竭尾。豕怒則豎其尾。

𢑚 脩豪獸。一曰河內名豕也。从彑，下象毛足。凡𢑚之屬皆从𢑚。

脩豪，長毛也，卽爾雅之貄。爾雅貄脩豪。貄卽𢑚。許君說爲脩豪獸，與下豪豕非一物。豪豕，山海經謂之豪彘，楊雄謂之豪豬。𢑚、脩豪相類，河內因呼豕爲𢑚。許君舉之，說方言也。从彑，彑下說豕之頭，象其銳而上見。𢑚首與豕首同，故制字取豕頭象𢑚頭，與兕頭同舄頭、兔頭同㲋頭，一例。彑象其頭，ク象其毛，巾象其足。育仁謂，卽古文篆易象彖之本義，取刻鏤文爲象。象鼻彝，象鼻卽猪鼻。

彑 豕之頭。象其銳而上見也。凡彑之屬皆从彑。

豕之頭，卽彘之頭，彘下說豕也，一物二名，故於說解通之。象其銳，謂豕長喙，上見象鬣也。

豚 小豕也从彖省象形从又持肉以給祠祀凡豚之屬皆从豚

會意也小豕謂豕子惕燕書豬其子謂之豚从彖省謂希象下說豕走也从彑从豕省今篆文从从豕不省蓋傳寫之誤其體當作希始合从豕省然豚亦當書作豚也象豕走也豕子其形突疾故取从象省重文豚乃从肉豕从又持肉祭祀宗廟之禮豚曰腯肥古者小祀不用大牲羣小祀禮用特豚故制豚字从又持肉以給祠禮也特牲饋食卽用特豚

豸 獸長脊行豸豸然欲有所司殺形凡豸之屬皆从豸

象形也獸謂殺物之猛獸部部屬二十文卽其物也豸豸然長兒張衡賦增嬋娟以此豸此豸連疊字猶迤邐也長脊狀舒長之兒司同伺許書無伺本祇作司獸長脊行豸豸然欲有所司殺者謂猛獸欲殺獸从旁窺伺先曲身擬度之然後身伸脊向前直搏其形豸豸脊若加長者然周禮鄭康成說

貍善搏者行則止而疑度焉其發必伏是即其狀以今觀貓之捕鼠蛇之螫人皆先曲體然後舒脊直向前即豸豸之義也猛獸未有不殺物者殺物之狀未有不伸脊豸豸然者故象其形制爲豸字而猛獸字皆从之爾雅無足謂之豸凡蟲之無足者如蛇蚓類其行皆先曲而後伸之正與伺殺之形相類易曰尺蠖之屈以求伸也故目以爲蟲無足之名今博物學所分爲有脊類

𤉡 如野牛而青象形與禽离頭同凡𤉡之屬皆从𤉡

古文作兕今字从古文爾雅兕野牛此說似野牛者別牛之類也郭璞說犀似水牛青色重三十鈞然兕巨獸郭璞說水牛即許說野牛古不用牛耕但用黃牛以曳車與馬同用易曰服牛乘馬引重致遠論語包咸說大車任載之車牛車也水牛行遲不能引重非所用故謂水牛爲野牛於後用牛耕而相因猶名水牛爲野牛或亦統牛名爾雅說是也今北方耕獨用黃牛𤉡頭與禽离頭同故同取一形上象頭乁象尾中象四足皆豎視形隸或改作兕則成橫視

昜 蜥易蝘蜓守宮也象形祕書說日月爲易象陰陽

一曰从勿凡易之屬皆从易

蜥下說蜥易也蝘下說在壁曰蝘蜓在艸曰蜥易析名之也爾雅蠑螈蜥蜴蜥蜴蝘蜓蝘蜓守宮也楊雄書或謂之蠦蝘南楚謂之蛇醫東齊海岱謂之螔蝀北燕謂之祝蜓桂林之中大而能鳴謂之蛤解爾雅有四名楊雄書有九名許略舉三也守宮者能變化之蟲形如今俗所謂脚蛇亦曰壁虎任昉書十二辰蟲每日十二易其形蓋其物也象形上首下象四足祕書即緯書謂易參同契參同契說日月爲易剛柔相當剛柔即陰陽也一曰从旗勿之勿皆廣異聞非制字之恉易之制字本爲蜥易之名而未有文字先有語言字者聲之寄也原未制易字先有變易不易之語守宮之稱名爲易者亦因其能變易形體故以易名之於是制字以傳言文書守宮之形名用變易之義聖人作易明天道取以爲名義主於變動不居也主義則變易之語在蜥易命名之先主名則易字實畫成守宮

之物、人知易象象三字取物爲
名、不知三物之命名即其義也、
長鼻牙、南越大獸、三年一乳、象耳牙四足之形、凡
象之屬皆从象、
獸之鼻牙長者、莫若象、故特舉之、以實其物也、象
高九尺、鼻長如之、獸之最大者、出南越地、三年一
乳子也、上象牙〇不合象耳、下象四足、與兕豕馬
同、象本爲南越大獸之名、而用爲象形者、亦非假
借也、原未制象字、先有象形之言、人見南越大獸
形體甚大、人所指象、因名之曰象、制字以附語言、
畫南越大獸之形、以爲象字、其名則即取於形象
之義、以爲言也、猶羊之命名取於祥、牛之命名取
於件、馬之命名取於武與怒也、易繫辭、象也者、像
也、古鍾鼎銘、吉羊即吉祥、用象爲象、正如用羊
爲吉羊、觀其後則謂取諸物以爲言、論其原實則
取諸言以名物、其物之名、即其義也、象、羊、牛、最初
之文、像、祥、件、孳乳之字、未制像、祥、件、則象、羊、牛即
可專三字之義、猶易之專變易義矣、韓非說近於

得之

第十

馬 怒也武也象馬頭髦尾四足之形凡馬之屬皆从馬

此與牛件也羊祥也同例說馬之命名以其物狀怒且武也犬縣蹏狗叩气烏亏呼彘蹏蹷豕蝎尾說音義同劉歆說大司馬馬武也大總武事也上象馬頭右橫出象髦今謂之鬃餘與豕同石建說馬字與尾爲五古文作影籀文作影彡以象馬鬣

廌 解廌獸也似山牛一角古者令決訟觸不直者象形从豸省凡廌之屬皆从廌

解廌獸兼舉細名大名也似山牛一角王允說獬豸者一角之羊性識有罪皋陶治獄有罪者令羊

觸之，呂忱作解豸，許同，張揖作獬豸，陸法言作獬與王充同，其物一名角𧊒，一名神羊，山象頭角與豸一角同。

獸也，象頭角四足之形，鳥鹿足相比，从比，凡鹿之屬皆从鹿。

廌下說解豸獸，此與兔㲋，不謂廌獸兔獸㲋獸者，解廌二名，兔㲋鹿一名，不得舉以名之，上象頭角，下从比，鳥鹿足相比，謂鳥足與鹿足，皆兩相次比，其行躍躍，與別獸異，故鳥从匕以象足，鹿从比以象足，鳥从匕以一䟡兩，鹿从比以兩䟡四。

行超遠也，从三鹿，凡麤之屬皆从麤。

會意也，行超遠，謂行騶騃迅疾也，詩，鹿斯之奔，維足伎伎，鹿性善奔，三鹿齊跳，則彌越競前，故說爲行超遠，麗从鹿，麗下說旅行也，鹿之性，見食急則必旅行，旅之言耦也，鄭康成說麗耦，鹿性善耦，離兒食急猶必耦行故禮記納幣儷皮儷皮兩鹿皮也意取相耦相得麤从三鹿鹿三之者多也多則物性亂矣故以爲鹵莽之稱麤野王書麤不能精也羊爲羣犬爲獨鹿爲麗三兔爲毚三隹爲雥三鹿爲麤聖人制字盡物之情狀遠取諸物以明人事

㲋 獸也似兔青色而大象形頭與兔同足與鹿同凡㲋之屬皆从㲋

說㲋爲獸舉其名也與說鹿兔同山海經綸山大獸多閭麈麢㲋郭璞說㲋似兔而鹿部青色㲋本或作奐卽㲋之俗體頭與兔同所謂似兔足與鹿同卽郭云鹿部也最初之文見獸之形畫成其物畢相似者同制一形故不爲从某謂象形也鹿足似鳥足魚尾同燕尾鳥鹿足相比禽离頭與兕頭同許君舉以見例推之豕足與兕足象足麢角與鹿角象頭與龜頭之類許所未言察而可知有仁謂卽古文貌貅字

兔 獸也象踞後其尾兔頭與㲋頭同凡兔之屬皆从兔

踞字許書無凡下說踞凡也知許不廢踞字踞蹲也兔後足詘屈而長踞則後足隱腹下人不見之惟見前兩足制兔字畫其踞形故右兩足歧向前見左厂象踞而露其尾也部屬逸冤娩㲜四字皆人事之名取象於兔不專屬兔爲義所謂遠取諸物

萈 山羊細角者从兔足苜聲讀若丸寬字从此凡萈之屬皆从萈

形聲也此字於經傳無徵部亦無屬別爲部者無所附麗也山羊野羊也細角其角茸茸者从兔山羊蹲則後足隱腹下不見與兔足隱腹下同故取以爲象段玉裁說以爲即羱字按郭璞顧野王皆說羱羊大角萈爲山羊細角者則非其物育仁謂苜即古文觀从而增儿即寬字篆乃增宀以此爲山羊專字

犬 狗之有縣蹏者也。象形。孔子曰：視犬之字如畫狗也。凡犬之屬皆从犬。

狗之有縣蹏者，謂狗捷足善走者，蹏不著地，若縣然。右者鬬雞走狗，較其足力。狗犬一物而二名。狗下說，孔子曰：狗，叩也。叩氣吠以守。有縣蹏謂之犬，叩氣吠謂之狗。制字以義定名，說字由音探義。縣犬、狗叩疊韻，古文語緩，疊韻雙聲，並爲一讀，故緣此定名。此與蹏廢謂之彘、竭尾謂之豕同例。由之牛件、馬武、羊祥也。墨子說狗非犬，犬亦正謂各有取名。引孔子說，與牛羊之字以形舉也同，證象形。犬，古鐘鼎作犬，正象縣蹏競走尾直蹻形。

㹜 兩犬相齧也。从二犬。凡㹜之屬皆从㹜。

會意也。犬性善齧。獨下說：犬相得而鬬也。羊爲羣，犬爲獨。犬好鬬，兩犬並則相齧也，故从二犬。說爲兩犬相齧，與三羊爲羴、兩虎爲虤同意。聖人制字，識物之情狀。

鼠 穴蟲之總名也、象形、凡鼠之屬皆从鼠

穴蟲、穴居之蟲、鼠之類不一、部下所屬二十文皆名曰鼠、故以爲穴蟲之總名、上象首細齒、中象足蟠尾、下出象尾、

能 熊屬、足似鹿、从肉、㠯聲、能獸堅中、故稱賢能、而彊壯稱能傑也、凡能之屬皆从能、

能狀似熊、故謂能熊屬、外傳、晉侯夢黃能入於寢門、韋昭說能似熊、能似熊、足似鹿、故从匕重書之、从月以其物巨多肉、與龍从肉同意、尸子說、鯀入羽淵化爲黃能、能獸堅中、謂能獸之命名、因其性堅毅、故稱人爲賢能、能性彊壯、又稱人爲能傑、與來以爲行來、朋以爲朋黨、烏故曰烏嘑、俱一例、篆說別能於熊、賓則能郎古文熊

熊 獸、似豕、山居、冬蟄、从能、炎省聲、凡熊之屬皆从熊

此宜從能从火會意也凡許書說从某與某省聲有二省之而不成文者非有所受無緣揣知皮从爲省聲⿱北貝从夐省聲之類俱可信者也某省而仍別成字者或由已出哭从獄省聲熊从炎省聲之類未可遽信者也然從火之義不可知从能者形與能相似能下說熊屬也

火

燬也南方之行炎而上象形凡火之屬皆从火

燬火也詩王室如燬毛萇說燬火也許君引作娓爾雅燬火也陸德明說齊人謂火曰燬郭璞又音貨然燬火陸音雙聲郭音疊韻其在前古音緩並是一音故說火爲燬謂南方之行定名曰火義取諸此與水準也木冒也山宣也說同一例五行南方火火曰炎上故畫火象炎上形

炎

火炎上也从重火凡炎之屬皆从炎

會意也與林同意書火曰炎上火者陽之精南方之行南方離明其光盛著故炎从重火說爲火炎上書無若火始炎炎

黑 火所熏之色也从炎上出囪囪古窗字凡黑之屬皆从黑

會意也青下說東方色也赤下說南方色也白下說西方色也黃下說地之色也此不說北方色者制字之初義取不同青說爲東方色以字从生丹東方木生火也赤說南方色以字从大火南方也黃說地之色以字从土也白說西方色以字从入二誼頗迂難通育仁謂白色之白與別白之白同形異義別白即古文自白色从人面白色黑从炎上出囪炎火光也火曰炎上囪重文囪說古文囪在牆曰牖在屋曰囪在屋謂開向上者今人謂竈突曰煙囪竈突亦在屋開向上者與囪同物然囪正俗所謂煙囪炎猶煙也凡火之上則爲煙炊火炎上煙从竈突出熏久色成黑也故从炎上出囪制爲黑字黑之色不專待炎上出囪所熏而成凡言黑色亦非專謂火所熏之色取於炎上出囪者遠取諸物譬之如此也與明同意朙从月入囧以取明黑从炎上出囪以熏黑

囪 在牆曰牖、在屋曰囪、象形、凡囪之屬皆从囪、牖下說、穿壁以木爲交窗也、窗者囪之或體、或从穴者囪在屋正穿向上、穴亦正穿孔之名、詩陶復陶穴毛傳陶其土而穴之、謂正穿之也、爾雅、正出穴出也、許說牖爲交窗然亦謂在壁曰牖、在屋曰窗者析名之、統名牖亦謂窗、象形外象其孔之匝、囪中象交木、

焱 火華也、从三火、凡焱之屬皆从焱、會意也、火華、猶火光也、火盛則光明、三者數之成故物積之爲盛與森从三木、淼从三水、垚从三土、芔从三屮、品从三口、晶从三日、皆同例、篆演作焰、

炙 炮肉也、从肉在火上、凡炙之屬皆从炙、會意也、詩、炮之燔之、燔之炙之、毛傳說毛曰炮加火曰燔、抗火曰炙、鄭康成說、鮮者毛炮之、柔者炙之、乾者燔之、禮記鄭康成說、炮、裹燒之也、燔、加於火上也、炙、貫之火上也、皆謂炮是毛炮、炙是火抗

許炮下說毛炙肉也裹下說炮炙也則以炮炙連文然析言炮是連毛炙已去毛統言炮炙皆以肉加于火上令熟故說炙爲炮肉炙與炮皆不用釜故从肉在火上

赤 南方色也从大火凡赤之屬皆从赤

會意也火南方之行故赤爲南方之色爾雅一染謂之縓再染謂之赬三染謂之纁儀禮鄭康成說朱深於赤然赤正謂三染之纁凡火微則色盛火盛則色深赤色光明故从大火

大 天大地大人亦大故大象人形古文亣也凡大之屬皆从大

老子說道大天大地大王亦大道與天地不得畫而象之故畫人形以爲大字象頭手足具大之義不專謂人部下所屬惟奎一文从人得義夾以下皆从大小之大得義制字之初取象人形者是爲近取諸身亣下說籀文大大下說古文亣明祇一字而古籀體小異必別爲部者以小篆偏旁或从

古,或从籀也,與八乁分部同,據制字之體屬象形,據定字之義爲象事,據分字之類則爲處事。

亦 人之臂亦也,从大,象兩亦之形。凡亦之屬皆从亦。

指事也,今別作腋。人之兩臂下也,胳下也,胑下說亦下也,正當兩臂下爲亦,交下旁要際爲胳,爲胑。大,人也,上爲首,夾爲兩臂,下爲兩足,从大而八其兩臂下,指人身亦之所在,謂即此處也,所謂覘而可識察而見意。經傳皆借亦爲詞,古文亦夜同字,从亦著夕,夕則垂手晏息,篆演作掖作腋。

夨 傾頭也,从大,象形。凡夨之屬皆从夨。

此下四文皆指事也。指事之說,謂覘而可識察而見意,指亦覘諸斯乎,指其掌之指譬之口不能言而擬以覘之矣。夭交尢皆从大而略異其形,以明其指,如欲示人傾之義,則傾頭以擬之,欲示人屈之義,則屈頭以擬之。交尢類此,所謂近取諸身,指明其義,則所謂察而見意是也。凡許君說解專謂象形者,定著以爲象形字也。說象某之形者,不必定著爲象形字。夨夭皆从大指事,而著爲象形,非也。

又四篆說解欲整齊之當云傾也象頭傾之形屈也象頭曲之形逘也象交脛之形彼也象曲脛之形此不然者許於部首說解多統部下爲詞也矢部屬文皆取頭傾爲義故卽取制字之形說傾頭也夭部屬文專取屈爲義不从屈頭爲義故專說屈亦使參證互明達意而已然傾頭猶專言傾也屈猶言屈頭也交交脛彼曲脛獨專言交也彼也孳乳浸多或同一部而取義殊方如大象人形而義爲廣大部屬奎兩髀之間也義取於人从側字之形也夾以下十六字皆取於廣大从制字之義統之則形義本相通析之則形義各有別

夭

屈也从大象形凡夭之屬皆从夭

指事也屈猶曲也今言詰屈詩桃之夭夭毛傳桃之少壯也棘心夭夭毛傳盛皃也許引作枖夭取象人屈頭之形其義則統凡屈屈之名物之屈曲由於質柔故喬从夭說高而屈也爾雅上句曰喬重之則爲折故奔从夭說吉而免凶也夭死之事人之短折曰夭

交 交脛也从大象交形凡交之屬皆从交

指事也从大而下交取象交脛其義則統以爲凡交遣之名也从交之字部所統𡙇絞二文𡙇衺也絞縊也及火部之烄辵部之迒人部之佼皆無取交脛義交下說交也离下說象腹交文凶下說象交陷地中衿下說交衽也交之義廣詩毛傳東西曰交朋友謂之交者亦謂其兩相交涉也

尢 𡯁曲脛也从大象偏曲之形凡尢之屬皆从尢

指事也𡯁蹇也經傳皆作跛跛曲脛三字連文跛行者必一脛曲短也大上爲首次爲手下爲脛故从大而曲其下以爲尢字偏曲也重文尪說古文尢段玉裁說當作篆文尢是也先古後篆者以所統字皆从古文夨夭交尢四篆相爲轉注皆从大是謂建類一首纖曲其上則爲傾頭平屈其上則爲屈頭交互其下則爲交脛偏曲其下則爲曲脛是爲同意相受許君不言同意固不盡著以隅反之可知也

壺 昆吾圜器也。象形。从大，象其蓋也。凡壺之屬皆从壺。

古者昆吾作匋。壺者，匋器。昆吾始作之。何休說腹方口圜曰壺。許說圜器，與何異。左傳尊以魯壺。禮鄭康成說，壺，尊也。大象蓋者，奄下說蓋也。公說盧上亦象蓋。○象口。亞象頸及腹。一象底。

壹 專壹也。从壺，吉聲。凡壹之屬皆从壹。

會意也。壺，器也。如器之能受而深納，則專壹。專壹，吉德也。吉德在中，故从中吉。楊雄書藏心於淵，美厥靈根，育仁。謂壹即古文懿。

㚔 所以驚人也。从大从羊。一曰大聲。一曰讀若瓠。一曰俗語以盜不止爲㚔。讀若籋。凡㚔之屬皆从㚔。

會意也。許君說解凡曰所以者，皆斥人之用是物。㚔於經傳無徵。部屬亥、凡、匕、畢說。今吏將目捕罪人也。圉說囹圄所以拘罪人。執說捕罪人也。盩說引擊也。報說當罪也。鞫說究治罪人也。然㚔蓋古者隸所籍以捕人者，其物維何，自許君不能明之，故幷存三說。隸所籍以捕罪，故說所以驚人。俗語以盜不止為㚔，漢時語也。徐鉉作㚔从大𢆉，張參作𢆉音干。今依漢石經作𡴘。然今篆作𢆉者誤也。干，犯也。人有干犯而入於罪，故辛亦从𢆉。育仁按此蓋古文𡴘从大辛，辛省併書以別於𡴘，讀若瓠。鄭周禮及八觚。讀若籋，鄭易金柅。

奢

張也，从大者聲。凡奢之屬皆从奢。

形聲也。張猶大也。論語奢則不孫，是張大也，故奢从大。

亢

人頸也，从大省，象頸脈形。凡亢之屬皆从亢。

韋昭說亢咽也，張晏說亢喉嚨也，蘇林說亢頸大脈也。許君說為人頸，舉大名从大。大者人也，人頸在上，故从大省，其下𠆢象頸脈形。蘇林所謂頸大脈也。亢在人上，故以為高亢。

㚎進趣也从大从十大十猶兼十人也凡㚎之屬皆从㚎讀若滔

會意也進趣者進之疾也部下所屬六文皆取進疾爲義大人也故說大十爲兼十人進之疾如兼十人進取之義一說十數之終復進爲一猶云大進古文皐从此以爲澤字然即滔滔本字書曰滔天是其本義歟

夰放也从大而八分也凡夰之屬皆从夰

會意也放猶肆也謂放肆也从大而八分之八別也與人大別然夰即古文奡篆从古文演複體加首作奡

亣籀文大改古文亦象人形凡亣之屬皆从亣

此與儿下說古文奇字人也同大古文作大籀文乃作亣其體小變而大同故曰亦象人形頭手足

具有人部，復立儿部，有大部，復立亣部，以所屬而分之，猶有𠌶部，復有䔢部，有禾部，復有稽部，有百部，復有首部，有𣏟部，復有麻部。

丈夫也，从大，一以象簪也。周制以八寸爲尺，十尺爲丈，人長八尺，故曰丈夫。凡夫之屬皆从夫。

會意也。从籒文大，夫亦人也，上以一象簪，簪即先許於說解通今言也。禮記周制以八寸爲尺，咫下說中婦人手長八寸謂之咫，故周人每言咫尺，八寸爲尺，則十尺適當八尺，故人長八尺稱爲丈夫周尺一丈，當古八尺也。

住也，从大立一之上。凡立之屬皆从立。

會意也。住猶止也，止下基也。大立一上即人立地上，立與行對，故說立爲住。

併也，从二立。凡竝之屬皆从竝。

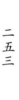

會意也，併下說竝也，立从大立一上，竝从二立，是兩兩相附之名，故二事二物同者，皆曰竝，

頭會堖蓋也，象形，凡囟之屬皆从囟

頭會，謂頭之會合處也，堖蓋，頭堖髓之覆蓋，孔穎達引囟其象小兒堖不合也，有仁按，象小兒堖不合者，古文囟，重文由字，古文象小兒堖小篆合之，腦者，人心所交，故中畫交文思字从囟，亦取人思上屬於腦，

容也，从心从囟，凡思之屬皆从思，

容納於中也，凡人有所思，或自外入或由中發，皆存注於心，如器之容物，故說思容也，書心思作容思主於容，故卽以爲心思之德，慮下說謀思也，念說常思也，懷說念思也，想說顗思也，析名之，統名則慮，惟，念，懷，想，皆思也，筦子書思之思之，又重思之，思之思之，鬼神通之，卽容之義，孟子書心之官則思，故从心囟，囟頭會堖蓋也，小兒腦動處，人心之所交，凡人有思則目上屬於腦，目所屬卽心所

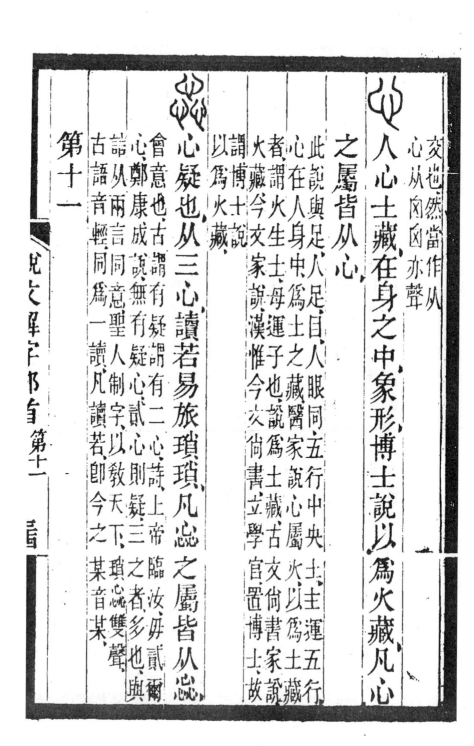

交也，然當作从
心从囟，囟亦聲。

𢗀 人心，土藏，在身之中，象形。博士說以爲火藏。凡心之屬皆从心。

此說與足、人足，目、人眼同。五行中央土，土主運，五行心在人身中，爲土之藏。醫家說心屬火，以爲土藏者，謂火生土，毋運子也。說爲土藏，古文尚書家說；火藏，今文家說。漢惟今文尚書立學官，置博士，故謂博士說以爲火藏。

惢 心疑也。从三心。讀若易旅瑣瑣。凡惢之屬皆从惢。

會意也。古謂有疑謂有二心，詩上帝臨汝，毋貳爾心，鄭康成說無有疑心。貳心則疑，三之者，多也。與誩从兩言同意。聖人制字，以教天下。瑣惢雙聲，古語音輕同爲一讀。凡讀若，即今之某音某。

第十一

準也，北方之行，象衆水並流，中有微陽之氣。凡水之屬皆从水。

即☵而竪書之，卦畫之興，前於文字，畫卦之根，陽奇陰耦，水，北方之行，故上下耦以象陰，中奇象陽，陰極生陽，陽伏於中，故坎中滿。倉頡制字，即取北方之卦，以象北方之行，因而竪之，外象水幷流，中象微陽含內。段玉裁說，準，平也，物莫平於水，青仁按，攷工記利準，故書作利水，水無有不平，不下，盈科而後進，是物性之有準者，莫準於水，北方之行，命之曰水，義取於準也，與火燬也，木冒也，山宣也，同一例。

二水也，闕。凡沝之屬皆从沝。

即形即義，會意也，與屾二山也，玨二玉也，皕二百也，㸚二爻也，同，必立此部者，以𣸣澎等字从之，不立部無所附麗也。

瀕 水厓人所賓附瀕戚不前而止从頁从涉凡瀕之屬皆从瀕

瀕今字作濱詩南澗之濱本即瀕字毛萇說濱厓也許說水厓正釋瀕字說人所賓附者乃緣音考義謂瀕之命名意取於賓如山宣也水準也之例頁古文頭字小篆以爲首字人至水厓瀕蹙不前而止故从頁瀕戚如孟子書之顰蹙猶顰蹙額也水厓人之所涉故从涉頭首之義猶俯首也

〈 水小流也周禮匠人爲溝洫相廣五寸二相爲耦一耦之伐廣尺深尺謂之〈倍〈謂之遂倍遂曰溝倍溝曰洫倍洫曰巜凡〈之屬皆从〈

象形也重文甽說古文〈从田从巛復出重文畎說篆文〈从田犬聲然甽下說古文當作籀文古文作〈象形籀文作甽會意篆文作畎形聲也先古文者以巜巛字从古文會意劉歆說山下根之受

霤處曰畎，吮也，吮得山之肥潤也，與此說水小流合。班固說后稷始田畎，以二耜爲耦，廣尺深尺，田畎長終畝，長終畝，畝者長百步一畝也，一畝三畎，一夫三百畎。畎く本謂水小流，象形，後移以爲田閒水渠之偁，每一畞凡三畎，畎垂文。畎下說六畎爲一畝者，畎廣尺深尺以爲渠，其間高處以爲田，容一耦，亦廣一尺，一畮三畎，計廣三尺，其間一畝廣一尺以爲田者凡三，計亦廣三尺，總計當爲畎者六，故說六畎爲一畝。今周禮作甽澮，書濬く巜距巛，古文亦作此，舉大名括之，く巜之間又分爲遂溝洫析名後起。

巜　水流澮澮也。方百里爲巜，廣二尋，深二仞。凡巜之屬皆从巜。

會意也。从二く，二之者積之也。澮澮，水流聲，水積大則流聲澮澮然。方百里爲田九萬畝，一耦之伐廣尺深尺謂之く，倍く爲遂，遂廣二尺深二尺，倍遂爲溝，溝廣四尺深四尺，倍溝爲洫，洫廣八尺深八尺，倍

洫爲巜廣十有六尺深十有六尺尋例皆八尺二尋二例適當十有六尺

巛 貫穿通流水也虞書曰濬く巜距巛言深く巜之水會爲巛也凡巛之屬皆从巛

會意也與㗊森垚淼焱同例貫穿通流謂水益大暢流也必說貫穿者說通流水命名曰川之義緣音求義猶山宣水準神引伸萬物祇提出萬物之詣也貫穿與川疊韻虞書濬く巜距巛今作畎澮巛爲水之所會故說貫穿通流从三く く水小流也積く爲巜水流澮澮也三く爲巛三者積多也水積盛多則貫注穿通益達也孟子書若泉之始達禮記云水一勺之多隸別作川

泉 水原也象水流出成川形凡泉之屬皆从泉

水原謂水之發原爾雅檻泉正出正出涌出也沃泉懸出懸出下出也氿泉穴出穴出側出也故說泉爲水原下三歧略象川形故說象水流出成川上ㄇ象山下歧易山下出泉蒙

灥三泉也闕凡灥之屬皆从灥

會意也卽形卽義與皕珏㸚艸屾說同詞亦與森垚淼焱等字同例凡積三成文皆謂盛多也

永長也象水巠理之長詩曰江之永矣凡永之屬皆从永

爾雅永長也楊雄說施於衆長謂之永水巠理譬人身之脈理今舟人猶曰水經卽水巠下象川字而詰屈以象水巠長上畫水源重疊水多會則源大源大者流長取象以爲永字永屬形容動詞不能盡物故象水巠之脈長制爲永字

𠂢水之𠂢衺流別也从反永讀若稗縣凡𠂢之屬皆从𠂢

會意也水之衺流別如書之漾東流爲漢沇東流爲泲溢爲滎江東別爲沱爾雅之水自河出爲灉

𣲖、爲㳅江、爲沱、皆是𠂢、象水𡿧理、謂水之正流、亦謂經流、經流會水多、故其流長也、自正流別出、所謂枝流、其勢必邪行、故說衺流別、字从反𠂢會意、此與派字音義皆同、然派專謂水脈、𠂢則取水爲譬、以統派別之名、故部屬覛䖤二文、取衺行覛線爲義、究最初古文、則𠂢即派字、篆衍偏旁、

谷

泉出通川爲谷、从水半見出於口、凡谷之屬皆从谷、

會意也、泉出通川、謂泉出山下達於川也、爾雅水注川曰谿、注谿曰谷、許君統言之、泉出注於谿、自谿達於川、巛本三而豎書之、谷上仌从巛三而去其中一、故說从水半見、口謂山口似人口、

仌

凍也、象水冰之形、凡仌之屬皆从仌、

象形、畫冰紋也、凍下說仌也、統言仌謂凍、析言薄曰仌、厚曰凍、夏小正、東風解凍、魚陟負仌、凡仌凍凝結、自上而下、其消解、自下而上、東風解凍魚陟負仌、正謂厚凍先解、尚存薄仌、仌冰之正字、冰小

篆凝字，凝俗冰字，今以冰代仌，用凝爲冰。

雨　水從雲下也，一象天，冂象雲，水霝其間也。凡雨之屬皆从雨。

合數體象形，最初之文，舉其相似，古文先作𠕲後乃增一在上爲天，雨亦水也，故說水从天下，一在上天也，冂象雲下垂，未有無雲而雨者，將雨雲必下垂，即象天下垂，冂似乁而非云字，㣺似水而非水字，加凵口似人口，虎足似人足之例，故說象雲下垂，而水霝其間爲雨也。

雲　山川气也，从雨，云象雲回轉形。凡雲之屬皆从雲。

會意也，古文作云，象形，篆文加雨也。禮記天降時雨，山川出雲，以雨者雲興而雨，言其必然，猶言从生丹，言其必然也。淮南書觸石而興膚寸而合，不崇朝而雨者，其泰山之雲乎，象雲回轉之形，說古文云，篆从古文加雨，則會意。

魚 水蟲也、象形、魚尾與燕尾相似、凡魚之屬皆从魚、

猶說穴蟲總名、長尾禽總名鳥、短尾禽總名隹、許於說解達意而已、無拘一例也、魚形與刀形相似、故上畫刀形、中仌象魚鱗、〇象腹背、火象燕尾也、燕枝尾、故兩歧、非火字、魚尾似燕尾、猶兔足似鹿足、兔頭同龟頭、虎足似人足之意、

𩺰 二魚也、凡𩺰之屬皆从𩺰、

即形即義、會意、𩺰隸魚部末、𩺰爲部部首者有𤃹字从𩺰也、𤃹重文亦作漁、不隸魚部、出𤃹爲漁重文者、二魚重易、所謂貫魚、漁者捕魚、義取於此、即古顒喁字、

燕 玄鳥也、籋口、布翅、枝尾、象形、凡燕之屬皆从燕、

詩、天命玄鳥、毛萇說玄鳥、乙也、爾雅、巂周、燕燕乙也、巂下說、巂周者燕也、乙下[illegible]、凡鳥也、巂周、燕、乙一物而三名、或紊呼爲燕燕、籋口者、燕口張籋籋如箝、廿古文讀若疾、即箝籋之籋、北即兆之省、兩

翼張也象布翅下象枝尾枝尾歧尾也口象身非口字部下無屬特立部首最初之文特為玄鳥製字

龍 鱗蟲之長能幽能明能細能鉅能短能長春分而登天秋分而潛淵从肉飛之形童省聲凡龍之屬皆从龍

鱗蟲三百有六十而龍為之長神物說其能飛潛變化龍為巨靈而能飛張衡有骨騰肉飛語故說曰从肉飛之形右象蜿蜒飛動蓋即古文龍之或字之象其體蜿蜒上橫出一象其角旁見彡取於飛字象鳥羽之差池龍無羽而能飛無以象之故取於鳥羽辛許說為童省聲據鐘鼎古文童作𦍒乃从龍省聲育仁按此自篆文複體古文甬上从余上體下从申即靈字指人身之靈即天淵之龍故曰春分而登天秋分而潛淵而重字取譬為名曰合寫與土連為里又譌作育成𦍒

飛 鳥翥也，象形。凡飛之屬皆从飛。

翥下說：飛舉也。取象鳥飛，翼張羽差池見，从反羽而重之，羽象鳥戢翼，長毛順皃，飛从飞从飛，皆非羽之省，取象羽之分背翻翾，鳥飛則差池上下不定。此屬動詞，而曰象形者，古誼禽蟲爲動物總名，文析爲飛潛動植，其字職專屬禽，別於非，取象於鳥飛不下來，遂以爲是非。

非 違也，从飛下翄，取其相背。凡非之屬皆从非。

會意也。違卽韋也，以違代韋，自漢如此，許於篆文明本義，於說解通今言也。韋，相背也，相背韋者，必始於相非，非此與飛同意，故曰从飛。飛从羽，兩分張，非亦从羽，兩相背，羽象鳥戢翼，兩羽順向，非象鳥飛兩羽反背，故說从飛下翄，其形稍變，然察而見意也。取其相背，卽說假借，非之言屬人事，不謂鳥飛，取譬於鳥飛下翄，取相背，遂以爲是非之非，是謂遠取諸物。

卂 疾飛也，从飛而羽不見。凡卂之屬皆从卂。

會意也、爾雅、迅疾也、迅卽刊、說爲疾飛者意內从
飛取義而言外爲迅疾與非同例取譬於鳥以爲
事名、遠取諸物也、凡鳥飛疾則不
見其羽、故从飛不見兩旁之羽、

第十二

乙

玄鳥也、齊魯謂之乙、取其鳴自呼、象形、凡乙之屬
皆从乙、

詩毛萇說、玄鳥、乙也、燕下說、玄鳥也、一物而異名、
其命爲乙者、取其鳴乙乙、山海經說鳥獸、每云其
鳴自呼、或自號、號呼也、鳥獸之名由人定、或狀其
形、如懸蹄爲犬、竭尾爲豕之類是也、或狀其性、如
馬怒、羊祥之類是也、或狀其鳴、如叩氣爲狗、亐嘑
爲鳥之類是也、象其遠飛略見之形、今畫遠物猶
如此、

不

鳥飛上翔不下來也、从一、一猶天也、象形、凡不之

屬皆从不

此與至同意。不至皆畫遠飛鳥，制字之初，書畫無別，猶今畫家寫意也。至下一，地也。惟初太始，道立於一，造分天地，故一在上為天，在下為地。不下說一，天也，非下說一，地也。鳥飛上屬天，是不下來也；鳥飛下屬地，是不上去而至下來也。凡曰不者，與已相遠，古以為否字，其義為相遠。至者由彼至此，與已相親近。人在地，去天遠，故鳥飛上屬天，以為不字；鳥飛下屬地，以為至字。聖人制字以明人事，以人為主，觀二字義不屬鳥，取於鳥飛者，遠取諸物也。

至

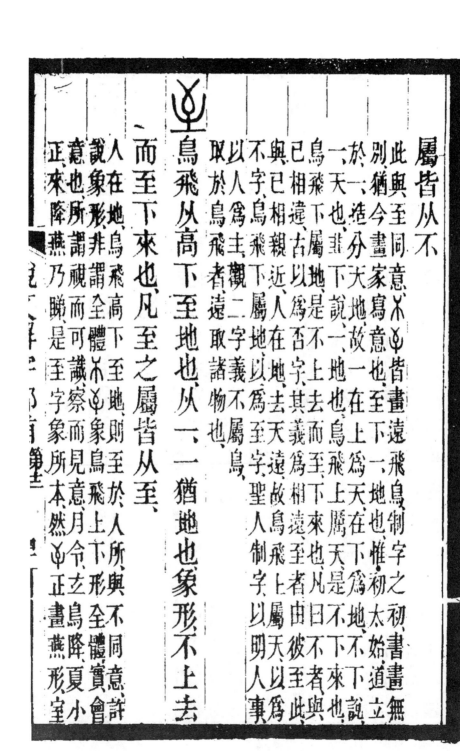

鳥飛从高下至地也。从一，一猶地也。象形。不上去而至下來也。凡至之屬皆从至。

人在地，鳥飛高下至地，則至於人。所與不同意，許說象形，非謂全體不至象鳥飛上下形，全體實會意也，所謂視而可識，察而見意。月令玄鳥降，夏小正來降燕乃睇，是至字象所本。然至正畫燕形，室

屋从至、亦取燕來巢、

鳥在巢上、象形、日在西方而鳥棲、故因以爲東西之西、凡西之屬皆从西、

此屬會意、說象形、與飛同、雖非畫物、實寫其形、上畫飛鳥略見之形、與乙同、下象交積鳥巢、本即栖字、重文棲、說西或从木妻、日在西方而鳥棲、謂鳥棲時日在西方、因遂以鳥西之西爲西方之西、與韋以爲皮韋、來以爲行來、朋以爲朋黨、子以爲人稱同、說最初假借、

西方鹹地也、从西省、象鹽形、安定有鹵縣、東方謂之㡿、西方謂之鹵、凡鹵之屬皆从鹵

會意也、西方謂鹹曰鹵、鹵地在西方、故字从卤、卤即籀文西省字、衍象鹽形、謂中㐅、與米㐅同、而形微異、安定在今山西、司馬遷說、山西食鹽鹵、劉熙說地不生物曰鹵、書潤下作鹹、地鹹則不生物、僅

產鹽，故制鹵字，中象鹽形。

鹽 鹹也，从鹵監聲，古者夙沙初作煑海鹽，凡鹽之屬皆从鹽。

形聲也，禮記鹽曰鹹鹺，說鹽之命名，義取其鹹，鹽鹹疊韻，古音一讀，猶說火燬也，水準也，未煑爲鹵，既煑爲鹽，鹽者鹵所爲，故从鹵，呂不韋書，夙沙，大庭氏之末世，此不隸鹵部，別爲部首者，以鹽从監省，不从監，鹼从鹽，不从鹵也，曾國藩說，以此類爲轉注，謂从鹵滋諠爲鹽，从鹽轉諠爲鹽鹹鹺也。

戶 護也，半門曰戶，象形，凡戶之屬皆从戶。

護謂此以護人出入也，戶，護也，門，聞也，猶山，宣也，水，準也，牛，件也，馬，武也，髮，拔也，琴，禁也，鼓，郭也，言戶之命名，其義取於護內外也，半門曰戶，二戶曰門，互見同意，戶取半門，則戶當爲會意，門从二戶，則門當爲會意，此說象形者，最初之文，畫成其物，雖取義互明，而象形各具，非孳乳相生，某之从某也戶單扉之門門雙扉之戶也在堂曰門在室爲戶今制猶然在室用單扉在堂用雙扉也在堂者所以通閭內外故謂門在室所以防護內外故謂之戶析其名則兩扉曰門單扉曰戶詩西南其戶此單扉之在室者也禮記問月則闔門方扉此雙扉之在堂者也戶扉今左詔謂門扇戶正書戶扇之形兩之則爲門畫門扉兩扇也統言則單扉亦謂門雙扉亦謂戶

門

聞也从二戶凡門之屬皆从門

聞下說知聲也从耳門聲其實當作从門門亦聲聲成而義亦附也人之有耳以通聲音之出入猶宮之有門以通人之出入故从耳从門門亦聲从二戶畫戶扉兩扇之形削戶之名稱曰門者以通內外也戶護門聞今音豐韻古言相似邪說象開門邪說象閉門皆取門字分背書之與門同意相受

耳

主聽也象形凡耳之屬皆从耳

上聽、耳之官也、說猶口所以言食也、舌所以別味也、同包舉部中所屬从耳之字半取於聽也、目足說不同、若之也、鼻下說引氣自畀、

𦣝

頤也、象形、凡𦣝之屬皆从𦣝、

𦣝下說、頤也、𦣝古文頤、頤篆文𦣝、籒文作𩠐、从𩠐、易觀我朵頤、鄭康成說頤中口車輔之名、然頤統口頰之間、象𦣝朵朵下垂皃、

手

拳也、象形、凡手之屬皆从手、

拳下說手也、析言之、禮記拳拳服膺、執女手之拳、然則謂卷手也、卷手爲拳、舒拳爲手、統言手亦謂拳、拳亦謂手、手者統拳指掌擧之名也、象五指及擧之形、

𠦬

背呂也、象脅肋形、凡𠦬之屬皆从𠦬、

象形、膂下說、背呂也、呂下說、脊骨也、呂象脊節、脊从肉、然脊兼骨肉言之、呂始專謂脊骨、析言如此、

統言脊亦謂背吕、今方俗猶謂豬背吕、吕音謅柳、吕柳雙聲相混、此説爲背吕、正謂脊骨、故脊字从此、中直象脊骨、欲象脅肋、一象要、本象脊骨、制字兼象脅肋要者、與骨同意、骨附於肉、背吕屬於脅肋也、按此卽古文椎、醫經、脊骨第一椎、第二椎作椎、

女

婦人也、象形、王育説、凡女之屬皆从女、

在家爲女、適人爲婦、左傳、君子謂宋共姬女而不婦、析言如此、統言女亦稱婦、婦亦稱女、爾雅、婦人謂嫁曰歸、禮記、女子已適而返、象形與臣同意、臣象屈服之形、女象宛轉柔順之形也、女德主柔、婦德主順、此引王育説篆文也、育仁按、古文女作女、鐘鼎文作女、儿卽古文奇字人、儿説象脛臂之形、从儿从儿、皆人字、中象腹懷姙、篆變爲女、

毋

止之也、从女有奸之者、凡毋之屬皆从毋、

指事也、毋、經傳多作無、詩、毋教猱升木、鄭説禁辭、禁卽止之也、女有奸之者、其事非正、宜禁止之、一

非一字，以指明禁止之義。毋猶今言莫，制此字以爲凡禁止之辭，義不專說止奸，取譬此者，所謂近取諸身。

民

衆萌也。从古文之象。凡民之屬皆从民。

萌下說，民也。詩氓之蚩蚩，毛說氓，民也。孟子趙岐說氓謂其民也。氓又作萌，亦作甿，一音之轉。周禮以興鋤利甿，鄭康成說，變民言萌，異內外也。然鄭本作萌，古謂民爲萌，謂其芒芒無知，如艸之萌生，猶後人言若生芸生也。謂民爲萌，故象艸萌生之形。制爲民字，重文𢀗，說古文民。是汗簡每字，艸每每猶艸芬芬，賈誼賦，衆庶每生，即謂萌生。按古文字體當作叏，从三屮并，似芔字而横寫之，小變譌體作朿，則成四屮，爲古文芬，然皆取象艸萌生，萌民雙聲，古人語輕重同一讀，故民象艸木之萌，小篆从古文省體民又小變本體，書作民，迭衍今形，無以明之，故說从古文之象。

丿

右戾也。象左引之形。凡丿之屬皆从人。

指事也。戾猶乖也，今俗方言爲拐，此說字形，自右引而左，是與右相違戾，猶云向左拐。徐鍇讀於小切，則如蜀語謂之飄，徐鍇讀房密切，則如吳俗謂之撇，天行尙左，右順而左逆，故部屬乂弗二文皆取逆誼而左戾，乀音弗居部末，右順也，與右相戾，故謂乖爲左，右戾猶言左也。育仁謂蜀語謂丿爲飄，合古音，第轉爲平，少差，此即古秒字，少字从之，呂調陽說少乃古文沙字，然古文少本即作人，飄撇之誼，即剽忽，瞥然不見，故以蠶吐細絲爲忽，十忽爲秒，秒即少之尤少，故少字从人。

厂 抴也，明也，象抴引之形，凡厂之屬皆从厂。

指事也。段玉裁說，抴者，捈也，捈者，臥引也，臥引者，橫引也，明也，衍文，育仁按，抴猶曳也，象抴引之形，即象曳引之形，厂即古文曳，曳晚出，文曳从厂聲，即古文之增體，中國文例屬句連文，下行連篇，斜上則左行，結字，仍右行，兼各種文字之三體，於文用畫，右順左逆，凡物曳引之則有難意，乃下說曳詞之難也，故字形自右引而左，與右戾之丿同意，抴即曳字，篆再演叓、

乁 流也，从反厂。讀若移。凡乁之屬皆从乁。

會意也。反厂爲乁，郎反曳爲移。流猶順也。厂象乁之形，自右引而之左。人手右順而左戾，故人道尙右而卑左，以右爲順。乁从反厂，自左引而之右，疏通滑易，如旃旗之垂游，故說乁流也。此與古文及最初當爲一字，後別作迤。隸書也字从乁。

氏 巴蜀山名岸脅之旁箸欲落嶞者曰氏，氏崩聞數百里。象形，乁聲。揚雄賦：響若氏隤。凡氏之屬皆从氏。

形聲也。巴蜀山名岸脅之旁箸欲落嶞者曰氏，謂巴方語，稱山岸脅旁相附箸之小阜，其形欲嶞者，名之曰氏。舉方語以證字形，知制字之本誼謂此也。山岸脅半之灑而高者，如人之脅際，小阜旁箸其間，其狀傾欹，如欲嶞者然，積久亦有時落嶞也。氏本謂凡小山阜旁箸欲落嶞者，巴蜀方言卽制字之本誼、秦因以名天水之大坂、由隴坂之形與山相箸迤邐而下、正如山𠂤之旁箸欲嶞者然故以名之、其字或加𨸏作阺、阺下說、秦謂陵坂曰阺、陵坂謂陵遲而下之坂、揚雄賦響若氐隤、班固作阺、統作坻、應劭說、天水有大坂、名曰隴坻、其山堆旁箸崩落作聲聞數百里、顏師古說、阺音氏、巴蜀山名、旁堆欲墮落曰氐、然阺坻卽氏、加𨸏加土、復體後出字也、禹貢西傾因桓是來、卽桓氏、鄭康成說、桓是隴坂名、其道般桓旋曲而上、今其下民謂坂爲是、育仁按、此卽姓氏之氏、据制字之形、取誼於隴氏之氏、蓋省山形竪寫之、取譬於下、移以乁爲聲、卽从乁、以狀其迤迤欲下墮、然則姓氏本無其字、依聲託事、但姓字爲後起、氐當有古文、育仁謂古文氏當从𠃌卽人字、一以識之、是爲姓氏小篆以音讀相同、沿爲一字也、

氐

至也、从氏、下箸一、一、地也、凡氏之屬皆从氏、

會意也、至下說、从高下至地也、一猶地也、石墮落者、从氏下箸地、亦从高下至地也、正與至一義、故

說氏爲至至、卽至於地也、氏亦卽低字、底下說、一曰下也、呑下說、氏者下也、至太从卨下至地、不上去而至下來、氏訓至猶訓下也、

戈 平頭戟也、从弋一橫之象形、凡戈之屬皆从戈、

指事也、攷工記、冶氏爲戈、廣二寸、內倍之、胡三之、援四之、倨句外博、鄭衆說、援直刃也、胡其孑、鄭康成說戈、今句孑戟也、內謂胡以內、接柲者也、長四寸、胡六寸、援八寸、戈句兵也、主於胡也、俗謂之曼胡、以此、有仁按其其下垂、漢謂之孑、取一旁有一旁無、似孑之無右臂、又謂之戟枝、取象如木之有枝、其柲與胡接處、有一橫、以屬之、一耑屬柲、一耑屬胡、則柲與胡在兩旁、故謂之內、戈與戟制皆同、用皆在胡、故曰句兵、其別者、戟之援上有三鋒、戈之援平頭而無刃、統其類則戈卽戟也、故鄭說戈爲句孑戟、楊雄說戈楚謂之釪、凡戈而無刃、秦晉之間謂之釪、析名則戈謂平頭戟、戟謂三鋒戟、从弋、弋、橛也、謂柲也、一橫之、謂接胡於柲也、與鈎識之丄同意、古文作犬、篆變今體、

戉 斧也、从戈𠄌聲、司馬法曰、夏執玄戉、殷執白戚、周左杖黃戉、右秉白髦、凡戉之屬皆从戉、

形聲兼會意、斧下說、所以斫也、則斧小於戉、戉大於斧、卽舉司馬法說戉、似不得釋戉爲斧、詩干戈戚揚、毛傳說、戚、斧也、戚下說、戉也、然戉也、戚也、斧也、其制一式、雖有大小、可得統名也、从戈、戈、句孑戟也、其刃旁出橫於柲、古謂之胡、今謂戟枝、戉之刃亦橫接於柲、舉相似也、宜从戈从𠄌、𠄌亦聲、𠄌下說、鉤識也、

我 施身自謂也、或謂我頃頓也、从戈从手、手、或說古垂字、一曰古殺字、凡我之屬皆从我、

形聲也、我、古俄字、頃頓爲本義、當从手、戈聲、頃頓不正也、頃卽傾、頓、下首也、詩側弁之俄、鄭說頃皃、許君俄下說頃也、俄本作我、篆增偏旁作俄、手古文垂、當作乑、乑者、頃頓之意也、其用爲吾我者、乃

本無其字、依聲託事、原古自稱、多爲發語之辭、欲達其言、引㫗而已、原無正字、故詩言字、俱說爲我也、施身自謂者、凡人稱我、皆必對人引已、是從已施於人也、故爾雅賫畀卜陽與台朕俱訓予也、一曰古文殺字、無徵、按義字从我、義下說已之威儀也、儀亦从俄義、俄儀古音一讀、宥仁謂義即儀、儀即俄、皆謂武舞、舞者傾頓其身、執干戚而象克敵、故从戈从䍜、据鐘鼎明我壺字作𢦏、石當从羽之刃、戮字从之、蓋象翌舞義、儀俄、古文一字、故相傳古文說、一曰刃刃爲殺字、謂即古文𢦏戮與、

鉤逆者謂之亅、象形、凡亅之屬皆从亅、

反乚爲亅、當屬會意、司馬相如書、猶時有銜橛之變、徐廣說、鉤逆者謂之橛、橛即亅之借字、鉤逆、猶俗言鉤罣、謂馬齧銜、或遇鉤逆而顚蹶、如左傳之言駿絓、

禁也、神農所作、洞越練朱五絃、象形、凡之珡屬皆从珡、

琴、禁也、與鼓廓也門聞也戸護也同、說音以明命名之義也、班固說、琴以禁止邪淫、沈約書、琴、世本云神農所造也、洞越猶通達也、琴制中空、下有穴取其通達天地之气、練朱謂練絲朱染其色、禮記清廟之琴、朱絃而疏越、鄭康成說、練朱絃也、舊本五絃、後加文武二絃爲七絃、郎五音加變宮變徵

乚 匿也、象迟曲隱蔽形、讀若隱、凡乚之屬皆从乚、

匿隱皆後起形聲複體、乚郎古文隱匿字、故訓匿而讀若隱、蓋象牆曲、今云牆角、可以隱蔽藏匿、迟曲謂鉤曲、故畫句曲之形、衍爲古文□、再衍爲□、轉書作凶、隸變作曲、

亾 逃也、从入从乚、凡亾之屬皆从亾、

會意也、逃下說、亾也、从入从乚、入於迟曲隱蔽之處、謂逃亾者必深自匿也、此就篆文立說、育仁按

· 古文作字作乍、匕屮二字合并寫之、此止爲作、反作爲亾、

匸 袞徯有所俠藏也、从乚上有一覆之、凡匸之屬皆

从乚、

本屬象形，許說爲會意，以从隱匿之乚所孳，據形系聯，部次在此。袤後有所俠藏，釋其名義，後卽欲字，袤後卽邪款，有底曰囊，無底曰槖，下廣上狹，漢語爲襆，字衍爲袱，唐後謂之袋，古語蓋名爲後，卽歀器之歀，有所褢夾藏匿，製以備用，其物無定式，故讀與後，後同，从乚，迟曲可隱藏也，上有一覆之，則隱蔽不見，如今時所用皮夾之類，夾之本義卽屬褢挾，象人兩袖，大可兜物，乁夾誼通，篆文乃合兩體作匧，又增竹作篋，俠同夾，係夾雙聲，猶倉亩說蒼黃，㦌而藏之、

匚 受物之器，象形，讀若方，凡匚之屬皆从匚、

詩毛萇說，圓曰筥，方曰匡，匚者最初之文，與矩同字，緣匚之制，始作爲筐，統言則筐筥同物，圓出於方，方出於矩，許匡下說筥也，匡爲方器，知匚亦方器，猶先有冊，後有箕，箕緣冊制也，象形，卽象矩形受物之匚，取形於矩，故讀若方，加識別作巨，篆增體爲矩，方正之方，卽當作匚，因與併船之方，音同

葅近、篆掘爲一字、

象器曲受物之形、或說曲、蠶薄、凡曲之屬皆从曲、

曲本義謂句曲也、重文𠃑、古文曲、故知本義爲飤曲、象器受物之形者、籀文𠃑、古文匚作𠥓、小篆改古文𠃑作凷形、與籀文𠃑同、但轉書缺口向上、因遂以爲受物曲器之名、匚、側視口在旁、曲、正視口在上、故說器曲受物之形、詩毛說豫蓄萑葦、可以爲曲、即許說蠶薄、今蜀語謂之籅、吳語謂之編、

東楚名缶曰甾、象形、凡甾之屬皆从甾、

舉方言說字、因委以知原也、甾當作由、孫愐說以爲即甾字、非、顧野王作甶、育仁按由即由字、由、窰也、窰、經傳通作陶、由窰雙聲、窰陶疊韻、古文語緩同讀一音、由謂凡窯器、其篆下圜上殺、象陶瓦初作未具之形、原初作陶、最先有缶、缶下說瓦器、以盛酒漿、易曰樽酒簋二用缶、正言其質、因是名缶曰由、凡言陶器字、皆別作陶、不作由、而本義隱、許故舉東楚之名缶曰由、由最初之文、窰、窯、匋、陶、學

乳後出之字，其用爲由從者，本無其字，依聲託事也，故許書無由，篆由卽由，段玉裁注於某部增由篆，據詩由從其畝，从田指事，蓋隸書變體誤混爲一，

土器已燒之總名，象形，凡瓦之屬皆从瓦，

未燒爲坯，已燒爲瓦，古謂土燒器，通謂爲瓦，詩，載弄之瓦，毛萇說紡專也，禮記，君尊瓦甒，孫愐引周書神農作瓦器，

以近窮遠，象形，古者揮作弓，周禮六弓，王弓，弧弓，以射甲革甚質，夾弓，庾弓，以射干侯鳥獸，唐弓，大弓，以授學射者，凡弓之屬皆从弓，

以近窮遠，猶以杸殊人也，殳，殊窮，弓，疊韻，審其名以求義也，與冬，禁也，鼓，廓也，門，聞也，戶，護也一例，郭璞爾雅注引世本揮作弓，弓以發矢自近而之遠，故說以近窮遠，周禮六弓，見司弓矢職甚質作

棊質、

弜彊也、从二弓、凡弜之屬皆从弜

會意、卽彊字、重弓爲弜、與四工爲㠭、兩言爲誩同例、因而重之義在其中、弓者彊勁之物、晁錯書、彊弓勁弩、弓稱幾力、力大者幷兩弓挽、故从二弓爲彊、配畺聲、篆文晚出、再衍爲強、篆之俗體、

弦弓弦也、从弓、象絲軫之形、凡弦之屬皆从弦、

會意也弦以張弓、玄說象絲軫之形、實从系省、系緪絲也、於弓弦義不切、系、繫也、弦繫於弓、所以張弓、軫謂弓淵受弦處、今謂弓趨、

系繫也、从糸、厂聲、凡系之屬皆从系、

形聲、然當作从系从厂、厂亦聲、系繫疊韻、古同讀、周禮瞽矇世帝繫、小史奠繫世、司馬遷書、宰予問五帝德及帝繫姓、字皆本作系、系繫也、大傳所謂繫之以姓、凡謂世系、仍相繫屬之義、故說系爲繫、

从系系、絪絲也、萬物始於微、所以繫也、上从厂、
厂、横引也、言引則繫屬誼在其中、複體作係、

男維瑜敬校并篆

説文部首 四

共四本

說文解字部首下

富順宋育仁纂

第十三

糸 細絲也象束絲之形讀若覛凡糸之屬皆从糸

細絲者，蠶所吐未治成絲也，張揖說蠶所吐爲忽，十忽爲絲，絲蠶所吐者甚細微，須繅之乃成，故糸象束絲之形，繅，繹，繭也，繹，抽絲也，抽絲者必總其耑引緒而散之手捋，故說象束絲之形，上象束之，下散析之，讀若覛，然糸之言蔑也，正與張說忽同，忽之言若有若無，釋元應書，細思葸也，繅糸成絲，故以細絲說糸，

素 白緻繒也，从糸𠂹，取其澤也，凡素之屬皆从素，

會意也，緻密細也，緊下說緻繒也，繒帛也，已治曰練，未治曰縞，統名曰帛，亦曰繒，禮記鄭康成說素

生帛、然素亦未練者、故每稱縞素、澤、光潤也、凡帛光者滑易下垂、故从𠂹、因之凡白者曰素

絲 蠶所吐也、从二糸、凡絲之屬皆从絲、

會意也、蠶吐為忽、十忽為絲、故从二糸會意、忽即絲、許說細絲也、糸既蠶所吐、繅之以為絲、則絲下宜說人所治、許蓋統言絲為蠶所吐、繹繭為糸、績糸為絲、不必分別、詩曰、綠兮絲兮、女所治兮、

率 捕鳥畢也、象絲罔、上下其竿柄也、凡率之屬皆从率、

象形也、畢、田網也、所以捕鳥、其式如今小兒所作蝦網、率與畢一物而二名、从系省、與弦同、說象絲網、古文遺說、索率一字、索本作𡂿、正象竿柄網、網羅目於後孳乳別衍捕鳥畢羅專字、而經傳轉寫借率作索、遂認索循為率、率循字矣、今畢之竿柄也、旁象鳥之解羽、即飛之兩旁、畢以捕鳥、故旁象鳥羽、以明其用、

·

虫 一名蝮、博三寸、首大如擘指、象其臥形、物之微細

或行或毛或𧕻或介或鱗以虫爲象凡虫之屬皆从虫。

象形也與它同意它下說虫也从虫而長象冤屈𠂹尾形虫說象其臥形然虫即它它即虫實爲一物故因制一形它臥則蟠屈不見其尾虫乃它之有足者它乃虫之無足者有足之虫其形短無足之它其形長雖有異形實爲同物故制字畫成其物隨體詰屈屈其尾向上以爲虫字伸其尾下垂以爲它字伸尾則形體長屈尾則形體短用以別長短之形所謂建類一首同意相受爾雅蝮虫博三寸首大如擘指郭璞說此自一種蛇名爲蝮虺今蝮蛇細頸大頭焦尾大者長七八寸一名反鼻非虺之類許說虫一名蝮下說虫也然許謂虫與蝮一物而二名與爾雅合郭璞所謂蝮蛇與爾雅蝮虺同名而異物也虫音讀同虺許列虺於雖蜥蝘蜓之閒說虺以注鳴者引詩爲虺易意虫虺非一字育仁按它或體作蛇經傳皆从或體又每以蛇虺對言明蛇虺爲同物而其字皆作虺不作

虫詩維虺維蛇國語爲虺弗摧爲蛇將奈何虺不當作虫許易下說蝘蜓蝘蜓守宮也蜥下說蜥易也蝘下說在壁曰蝘蜓在艸曰蜥易蚖下說蠑螈蚖它醫以注鳴者爾雅蠑螈蜥易也詩毛傳蜥螈也楊雄皆其在澤中謂之易蜴南楚謂之蛇醫或謂之蠑螈數者皆易之異名其本名爲易其物四足以注鳴以爾雅博三寸首大如擘指之形及許虺下以注鳴之說參合之虺正與蜥易爲同類故詩以虺易幷言然虺郎虫之或體猶蛇郎它之或體經傳用或體故作虺不作虫許誤分爲二字本作虫或作虺別名蝮其物博三寸首大如擘指四足以注鳴今俗呼爲腳蛇者是矣上古艸居虫蛇近不避人虫尤爲衆易見故制字毛蠃鱗介細物之名皆取虫爲象

蟲之總名也从二虫凡䖵之屬皆从䖵

會意也蟲下說有足謂之蟲無足謂之豸析言別之此說蟲之總名統言則無足亦蟲也虫者它屬之別種物之細微取以爲象故从二虫爲䖵三虫爲蟲猶二屮爲艸三屮爲芔四屮爲茻皆一意相

貫所謂比類合誼以見指撝凡合體而重體之字有取分之爲義者絲杭之類是也有取合之爲義者艸林蚰之類是也蚰經傳皆借昆禮記昆蟲艸木夏小正昆小蟲昆皆當爲蚰昆頭與昜頭同下畫其足昆亦古文未知孰爲先後也

蟲 有足謂之蟲無足謂之豸从三虫凡蟲之屬皆从蟲

會意也統名則蟆動之類皆曰蟲蚰下說蟲之總名也析言則專以爲有足之稱蟲之言動也有足者其形益蠢動物之微細既取虫爲象復从三虫以爲有足微物之名者蟲猶眾也如佛書言眾生孳乳浸多又取以象類因别以爲有足蟲之名

風 八風也東方曰明庶風東南曰清明風南方曰景風西南曰涼風西方曰閶闔風西北曰不周風北

方曰廣莫風東北曰融風風動蟲生故蟲八日而化从虫凡聲凡風之屬皆从風

形聲也八風目下言八方之風禮記八風从律而不姦鄭康成說八風从律應節至也左傳夫舞所以節八風服虔說八封之風也下說與許同班固說條者生也明庶者迎眾也清明者芒也景者大也言陽气長養也涼者寒也陰气行也閶闔者咸取藏也不周者不變也言陰陽未合化也廣莫者大莫也開陽气也條風即融風融者長也條从攸攸長也淮南書二九十八八主風風主蟲故蟲八日化王充書風气生蟲風从蟲猶青从生丹矣古文風从几巾注一注即蟲

虫也从虫而長象冤曲垂尾形上古艸居患它故相問無它乎凡它之屬皆从它

虫它之有足者它虫之無足者析名則別統名則虫亦它也原初制字以其同物故同制一形而略

殊其體虫下說象其臥形臥蟠也蛇虫蟠臥則詘尾它說象宛曲垂尾之形蛇虫宛曲而行則申尾也詘尾則見其短伸尾則見其長虫短它長故象詘屈以爲虫字象垂尾以爲它字凡它虫蟠臥其體固宛曲其行體亦宛曲惟尾之詘伸有别故上體皆宛曲之形它虫蟠臥則易制故國語曰爲虺弗摧爲蛇將奈何蛇乃它之或體虺乃虫之或體也

龜

舊也外骨內肉者也从它龜頭與它頭同天地之性廣肩無雄龜鼈之類以它爲雄象足甲尾之形

凡龜之屬皆从龜

象形也龜舊也猶牛件也羊祥也之例龜古音讀如鳩故龜茲亦作鳩茲臧鬮亦作臧鉤舊久也劉向說著之言耆龜之言久龜壽長至千歲取其長久故名曰龜而說龜爲舊萬物皆骨內而肉外惟介屬骨在肉外介蟲龜爲之長龜頭與它頭同猶魚尾同燕尾兔頭同㲋頭虎足似人足象頭與禽

頭同皆制字同取一形天地之性廣有者無雄列子說純雌其名大要是也

黽

鼃黽也从它象形黽頭與它頭同凡黽之屬皆从黽

鼃下說蝦蟆也周禮蟈氏掌去鼃黽鄭衆說蟈蝦蟆也月令曰螻蟈鳴鼃黽蝦蟆屬故書或爲掌去蝦蟆鄭康成說蟈今御所食蛙也齊魯之間謂鼃爲蟈黽耿黽也蟈與耿黽尤怒鳴聒人耳故去之爾雅鼁𪓰蟾蠩在水者黽許鼁下說圥鼁詹諸也其鳴詹諸其皮鼁鼁其行圥圥重文𪓰說鼁或作酋許與先鄭說鼃黽爲一物即蝦蟆後鄭說鼃黽爲二物爾雅亦單舉黽似有異聞育仁按蝦蟆者鼃之大名也鼃黽同屬而小別鼃其色青今俗呼爲青蝦蟆陶宏景說俗名土鳴南人名蛤子善鳴者寇宗奭說其色青腹細後腳長善躍大其聲曰蛙小其聲曰蛤蛙即鼃蛤即蟈从其大聲名之則曰鼃从其小聲名之則曰蟈故後鄭說蟈即鼃鼃即蟈黽形略小於鼃色微黑亦居水善鳴形又與

蟾蠩略似故爾雅說鼁䵹蟾蠩在水者黽鼁與黽同類而小别單呼則爲鼁鼁爲蟈爲黽爲耿黽二者皆居水善鳴衆呼則曰鼁黽統大名謂之蝦蟆故許說鼁黽先鄭說蟈蝦蟆鼁黽蝦蟆屬其居陸者爲詹諸或作蟾蠩皆後起字一名鼁䵹一名先黽一名䵹䵹形大於鼁黽而皮多痱磊鳴聲短散身重行遲郎許說其鳴詹諸其皮䵹䵹其行先先也今俗呼爲癩蝦蟆黽頭與它頭同䵹蛙初生科斗之形其頭正似它頭猶虎足似人足豦頭與禽頭同兔頭與㲋頭同燕尾似魚尾取其同象共制一形徐鍇說曰象其腹拔也郎卵字下併見尾卵迸化爲黽郎科斗活東

卵

凡物無乳者卵生象形凡卵之屬皆从卵

凡物無乳者禽鳥之類獸有乳故同人胎生鳥無乳故卵生象一卵之形而中八分之中八从八而非八字故爲象形凡卵生皆破卵而生

二

地之數也从偶一凡二之屬皆从二

會意、惟初太始、道立於一、造分天地、易曰、天一地二、老子曰、一生二、二生三、元气爲無極、陰陽既判、陽奇陰耦、天圓地方、圓度徑一而圍三、方度徑一而圍四、故一爲天數、二爲地數、惟地配天、故从偶一、三下說、天地人之道也、亟下說、二天地也、勻下說、二耦也、然二上之一、亦天也、言耦則有奇、

土　地之吐生萬物者也、二象地之下、地之中、丨象出形也、凡土之屬皆从土、

會意也、說與天神引伸萬物者也、地祇提出萬物者也、山宣气散生萬物者也、同、未有文字、先有語言、語言譬義、以定名、聖哲緣名以識義、故古謂字謂之名也、二、地數、說象地之下、地之中者、下爲地心中爲地平綫、丨與屮之丨同、引而上行者、象萬物之生、自地而出也、禮記曰、今夫地、一撮土之多、及其廣大、艸木生之、禽獸居之、寶藏興焉、易曰、至哉坤元、萬物資生、乃順承天、

垚　土高也、从三土、凡垚之屬皆从垚、

會意也與焱森等字意同積土則高三之者略不過三也即古堯字篆增體加兀作堯兀亦高也

堇 黏土也从土从黃省凡堇之屬皆从堇

黏土猶塗泥謂塗牆泥也禮記塗之以堇塗顧野王作堇涂从黃土者土之正色塗牆土取堅密也一說黏土土之膏腴宜稼者黃中央正色書厥土惟黃壤厥田惟上上

里 居也从田从土凡里之屬皆从里

會意也二十五家爲里人所聚而居也詩無踰我里毛萇說里居也方里爲井則田土備故从田土

田 陳也樹穀曰田象形口十阡陌之制也凡田之屬皆从田

象形也陳田古音疊韻今音雙聲陳列也古者井田く巜溝洫徑畛涂道疆正地均棨然陳列故說田陳也與水準也山宣也門聞也戶護也同例樹穀曰田種菜曰圃口古文圍象田四界周禮所謂

遂上有徑，溝上有畛，洫上有涂。應劭書：東西爲阡，南北爲陌。十下曰：一東西也，丨南北也。故說十爲阡陌。

畕 比田也。从二田。凡畕之屬皆从畕。

會意也。二田爲畺，卽田比爲畺。田相比則有畺界。田陳也。重之則密近陳列，故畺从此，再衍作疆。與屾、林、皕同例。

黃 地之色也。从炗，炗亦聲。炗古文光。凡黃之屬皆从黃。

形聲也。地，積土也。五行中央土，黃中之色也。故說黃爲地之色。易：天元而地黃。用者土也，土之色黃爲上。書：厥土惟黃壤，厥田惟上上。黃土密緻，故光滑。凡物光緻卽發光。

男 丈夫也。从田从力。男用力於田也。凡男之屬皆从

男、
會意也、女下說、婦人也、男下說、丈夫也、男子生而願有室、女子生而願有家、夫婦之道、人之大倫也、从田从力、卽从力田、猶止戈爲武、人言爲信、古者重農力田爲本務、天子秉耒爲籍千畝、諸侯大夫耕助以供粢盛、升民之秀、謂之興甿、制祿頒糈、以代其耕、故力田爲男、聖人制字以教天下、

力 筋也、象人筋之形、治功曰力、能圉大災、凡力之屬皆从力、
筋下說、肉之力也、人身之力屬筋、故力爲筋力、人所以勝任也、故凡勝其任曰力、周禮謂治功曰力是也、復舉此者、以部屬从力之字、不專取筋力爲義也、𠂢下說、衺行體中也、筋貫束人身、血𠂢所通故畫衺行理順之形、

劦 同力也、从三力、山海經曰、惟號之山、其風若劦、凡

劦之屬皆从劦、

會意也、同者調也、調者龢也、同力、謂凡事之龢同致力、部屬三爻皆以和同爲訓、恊从心、說同心之龢也、勰从思、說同思之龢也、協从十、說同眾之龢也、从三力、三之者眾多也、眾多幷力、故爲和同、山海經、毋逢之山、北望雞號之山、其風如飈、許引經傳皆明字之本義、此引作劦、與今本不同者、蓋謂風力厚、合幷而起、如人幷力然、故曰若劦、若之云者似之也、許君重存古文、从劦加風、乃篆文後起、莊周書、風之積也不厚、其負大翼也無力、

第十四

金

五色金也、黃爲之長、久薶不生衣、百鍊不輕、从革不違、西方之行、生於土、从土、左右注象金在土中形、今聲、凡金之屬皆从金、

据篆文說形聲、古文爲會意、鐐、白金也、鉛、青金也、銅赤金也、鐵黑金也、合黃金爲五色、書惟金三品、不數鉛鐵、司馬遷書、亦說黃金爲上、白金次之、赤金爲下、革、更也、更改也、書金曰从革、馬融說金之性、从人而更、可消鑠、此說从革不違、正謂鎔冶成器、不違於人也、五行、土生金、故从土、注當作丶、譌作主、又添水旁作注、謂丶即古文金字、篆文複體、从古文而更配以聲、乃成形聲矣、

幵

平也、象二干對構上平也、凡幵之屬皆从幵、

象形也、與冓同意、冓下說交積材也、象交構之形、幵下說平也、象二干對構、上平也、干非干字、干从反入、入上不平也、冓象二丗對構交積、形謂積材木於地、縱橫相庋、幵象二干對構平起、謂架木起室、對列平齊也、古者幵官氏、蓋以官爲氏者、如梓人廬人之類、主治宮室之官、幵、正謂構宮室、架材平起也、此部無屬、立爲部首者、象形、最初之文、有所孳乳、無所附屬、演爲栞字、再演爲幹、岍、汧、笄、等字枅取幵爲聲、而義亦附、皆可隸此部、故說凡幵之屬皆从幵、

勺

挹取也。象形，中有實，與包同意。凡勺之屬皆从勺。挹取，猶云所以挹也。說與箕觶也、臼舂也同。凡物之名，雖實有其物，要其命名，仍取諸義。物之明著者，說其名義，其物不待言而知也。抑象物則實有形，稱名則無一定，因所用以名其物，故亦得名箕爲籔名，臼爲舂名，勺爲挹。今俗猶呼一勺爲舀，許或言所以，或不言，其義一也。攷工記勺一升，鄭康成說尊斗也。詩酌以大斗，毛說長三尺。按勺斗謂挹取酒以注於尊之斗，勺爲挹彼注玆之用，故說挹取也。毛說長三尺，謂柄。此正象其形，外象口長柄，中一象所盛。與包同意者，包从勹，勹象人曲形，有所包裹，雖取譬於人，實亦畫成其物，隨體詰詘，中从巳，象裹子。勹本實有其物，勹既畫成其物，中復含一以象有實，猶包既象人有所包裹，中復从巳象所裹之子，是爲同意相受。此舉轉注之變例，丞與巫、爾與爽，亦皆然矣。

几

踞几也。周禮五几：玉几、雕几、彤几、髹几、素几。凡几

之屬皆从几、
踞本爲蹲踞、人所凭之几、其形踞足、故以爲踞几、葢漢語如此、非說人踞几上、古者坐席而凭几、書凭玉几、雕玉、仍几、仍几卽凭几、周禮五几、見司几筵職、象踞足上平、與丌同意、丌下說、基也、丌所以籍物、其制質、故上平下足、而兩旁橫出、几以凭人、其質文、故从丌而兩旁挫角、

且

薦也、从几、足有二橫、一 其下地也、凡且之屬皆从且、

薦、獸所食艸、當爲荐、荐、艸席也、經傳通用薦、許於篆文明本義、於說解通今文、且者、所以承籍物之具、卽梡橛也、且說爲荐、猶丌說下基也、荐物之基、常在下、故說下基、且卽古文茸、用爲荐物、故說爲荐也、基丌疊韻、且荐雙聲、推之猶門聞戶護之意、从几、几、人所凴凭也、因丌而制其字、具仿丌形、且與丌同用、从儿、猶从丌也、足有橫、橫、桓也、今梁益方俗讀桓去聲、禮、鄭康成說有虞氏以梡斷木爲

四足而已、夏后氏爲橫、岠、周人足間有橫、橫下有跗、然下一、當象跗、許謂地者、爲且以薦物、足著於地、

斤 斫木也、象形、凡斤之屬皆从斤、

依徐鍇本、木下有斧字、斧下說、斫、斧不專以爲伐木用、其用爲斫木者斤也、故說斤爲砍木斧、象形、說獨體、𠂆朗古文斤、今蜀語謂之鏮、因而重之、兩鏮等重、遂以爲重量、析之名、十六兩爲一斤、爾雅、明明斤斤察也、鏮用以刈、分兩輕重同、重之謂加重、用以砍、孟子書、斧斤以時入山林、左傳縱尋斧斤、以二物同式、統言之也、詩、既破我斧、書、一人冕執斧、斧則斧爲兵器、斤不聞爲兵也、制物前用斤先於斧、故斧浙皆从斤、

猶推輪爲大輅之始也、

斗 十升也、象形、有柄、凡斗之屬皆从斗、

斗本爲尊斗、容十升者、因以爲量之大名、禮鄭康成說、尊斗、所以斟酒也、攷工記、勺一升、注曰、勺、尊

斗也、詩、酌以大斗、毛萇說長三尺、然勺乃尊斗之小者、受一升、大斗十倍之、受十升、毛說長三尺者謂其柄、其器之用、以挹注於尊、故有柄、以其容當量十升、遂爲量總名、而斛魁等孳乳之字从之、故說十升也、詩、維北有斗、不可以挹酒漿、斗、尊、用以挹酒漿、故詩言以此興物、班固謂量登之於升、聚於斗、

矛 酋矛也、建於兵車、長二丈、象形、凡矛之屬皆从矛、

攷工記、酋矛常有四尺、八尺爲尋、倍尋爲常、常又四尺、適當二丈、酋之爲言遒也、遒、迫也、謂短矛、詩鄭康成說兵車之法、左人持弓、右人持矛、矛專謂酋矛者、夷矛後制、不建於兵車、古無卒徒、惟用車戰、育仁按矛郎古文柔字、矛之柲、以柔輭之木爲之、或用竹合成、取柔爲用、因名之曰柔、古文从[illegible]之字多作[illegible]、木之有[illegible]者、多屬藤本、性柔韌也、象形、郎謂象柔木之形、

車 輿輪之總名、夏后氏奚仲所造、象形、凡車之屬皆

从車、輿、車函。今謂車箱。輪所以運行者也。車之物多。惟輿與輪所以居人所以運行、其大耑也。故說爲輿輪之總名、劉熙說、古者曰車聲如居、言行所以居人也、今曰車、車舍也、行者所處如室舍也。車之輿、起於前古、易曰、服牛乘馬、引重致遠、以利天下、書、車服以庸、黃帝作指南之車、謂夏后奚仲所造者、沿奚仲爲夏車正而誤。或謂禹乘四載、而車制始備歟、

𠂤

小𠂤也、象形、凡𠂤之屬皆从𠂤、

此說象形、形即从𨸏省、𠂤即今堆字、儀禮鄭康成說、追猶推也、追者𠂤之借、詩、有敦瓜苦、敦讀推、亦即𠂤之借、小𨸏爲𠂤、故从𨸏而省、曰象山之一成也、𨸏爲大陸、故三成、𠂤爲小𨸏、故再成、

𨸏

大陸、山無石者、象形、凡𨸏之屬皆从𨸏、

爾雅、高平曰陸、大陸曰阜、大阜曰陵、山下說、有石而高、阜說山無石者、陸謂積土之高平處、𨸏爲大

陸、故知阜爲土山之名、劉熙說土山曰阜、象形者、象土山三成、从古文𠂤而側書之、土山陵夷易傾也、𨸏、古文𠂤、

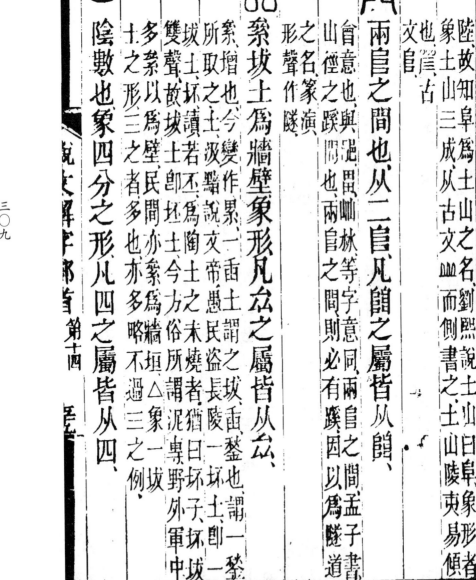

𨺅

兩𠂤之間也、从二𠂤、凡𨺅之屬皆从𨺅、

會意也、與𠀤、䀠、屾、林、等字意同、兩𠂤之間、孟子書山徑之蹊間也、兩𠂤之間、則必有蹊、因以爲隧道之名、篆演、形聲作隧、

厽

絫坺土爲牆壁、象形、凡厽之屬皆从厽、

絫、增也、今變作累、一甶土謂之坺、甶、墼也、謂一墼所取之土、汲黯說文帝愚民盜長陵一抔土、即一坺土、抔讀若丕、爲陶土之未燒者、猶曰抔子、抔坺雙聲、故坺土即坯土、今方俗所謂泥專、野外軍中多絫以爲壁、民間亦絫爲牆垣、△象一坺土之形、三之者多也、亦多略不過三之例、

四

陰數也、象四分之形、凡四之屬皆从四、

天一、地二、天三、地四、陽奇陰耦、故四爲數、外四方形而中八分之、方者徑一而圍四、故圍而八之、制以爲四字、指事也、所謂視而可識、察而見意、三、亖古文四、

辨積物也、象形、凡宁之屬皆从宁

指事也、辨即今辦字、辨具也、積聚也、具而聚之、是宁之事也、宁即貯字、辨積物者、所謂居久之、詩毛萇說宁立久立也、正與辨積物義通、爾雅門屏之間曰宁、亦正謂人君視朝久立處、以其宁立在此、故命其名曰宁、辨積物、人之事也、不名一物、不得畫成其物、許說象形、蓋說古文宁、象門屏間之網疏、故與叕部、叕相系聯、

綴聯也、象形、凡叕之屬皆从叕、

相綴聯系也、與叕同意、叕雖从二爻會意、實象其孔叕叕、此篆橫衺交互、蓋象网交叕系聯、叕以爲凡聯叕之名、不專屬网、畫其形者、遠取諸物也、

三一〇

亞 醜也，象人局背之形，賈侍中說以爲次弟也，凡亞屬皆从亞。

象形，近取諸身也，亞與惡，古音義皆同，國語，亞池，禮記作惡池，司馬遷書，惡谷，班固作亞谷，易，天下之至嘖而不可惡也，荀爽作亞，然先有亞字，而惡字从之，惡字之義，即亞字之義，亞之本義爲善亞美亞，及孳乳相生，始有惡字，以專美惡善惡之名，而亞之義隱，古謂皃美爲美，皃醜爲惡，孟子書雖有惡人，即謂人之形醜者，亞本爲凡事物不美之名，不專謂人形皃之惡，而美惡之可見者，莫可見於形，故象局背之形，制爲亞字，賈侍中說以爲次弟，則以次爲亞之本義，易荀爽說，書鄭康成說，皆云亞，次也，與賈說同，青仁按，亞象人局背之形，局背，人之駝背拳曲不伸者，制字近取諸身，以明其事，謂凡醜惡者，舉眡諸此，醜惡是亞之本義，其次之義，亦由一義引申，亞之言厭也，人之局背者，如有人厭之，伏不能伸，言美則居上，言亞則居下，是亞者恒居於次，爲美所厭，今俗言猶稱事物之不美者爲亥也。

五

五行也。从二，陰陽在天地間交午也。凡五之屬皆从五。

書一曰五行，水火土木金。五者所以宣陰陽之氣，盡天地之藏也。易天數五，地數五，五位得而各有合也。五者，中央之數，土居中央，運四方而五行備，故制五字象五行也。从二，上一天也，下一地也。惟初太始，道立於一，造分天地，化成萬物，故上一爲天，下一爲地，重交作乂。說古文五如此，然篆文从古文加二也。陰陽者，五行也。五行往復，互相生克，一陰陽之相乘而已。乂，交也。古文象陰陽交午，小篆从而加二，明陰陽交午常在天地之間也。

六

易之數，陰變於六，正於八。从入从八。凡六之屬皆从六。

會意。侌易之數，陽奇陰耦，易數正於七，變於九，侌數正於八，變於六。爻者所以效天下之動，觀吉凶者存乎動，故聖人明易，用九六繫爻，用變不用正。从入，入猶納也，猶易家納音納甲。育仁謂从古文四，丶以誌之，四等方，即六方也。

七 陽之正也。从一，微陰从中衺出也。凡七之屬皆从七。

會意也。陽之數正於七，變於九，从一，一道也，卜體詰屈象侌，篆說如此。育仁謂古文作七，乚取句股算術，句三股四，合為七數，一以誌之，當為指事。

九 陽之變也。象其屈曲究盡之形。凡九之屬皆从九。

指事也。陽數正於八，變於九，故說為陽之變數，至九而盡。董仲舒、班固、張揖皆說九，究也，究即盡也。九為陽數之極，陽極而陰生，故盡爻午詰屈，以示究盡之形。育仁謂當為兩曲綫相交，兩切綫交為

五平直線相交爲十、曲線相交爲九、數於此究盡、十復進爲一也、

禸

獸足蹂地也、象形、九聲、爾雅曰、狐狸貛貉醜、其足蹞、其跡厹、凡厹之屬皆从厹、

蹂者、篆文厹、厹者、古文蹂、以蹂說厹、猶不易字、獸足蹂地、謂獸足著地、所形之跡也、當从九、九、究也、獸足蹂地、其跡究盡、蒼頡見鳥獸蹄迒之跡、知分理之可相別異、是其義也、九下說象屈曲究盡之形、九於文爲指事、察體亦有形、然厶、非厷字、又非ㄥ字、亦非乙字、則當爲从九而乙以指其形容、合爲指事、爾足名狐貍之跡爲厹、然當全體象形、許著爲聲者、謂聲足包形義也、故形聲之義、說聲謂取譬爲名、

嘼

犍也、象耳頭足厹地之形、古文嘼下从厹、凡嘼之屬皆从嘼、

犍下說，嘼犍也，嘼卽今所用畜字，用以爲牲專名則曰嘼，曰牲，合名則嘼，牲也。今俚語猶曰畜生，嘼謂馬牛羊雞犬豕也。爾雅釋嘼，陸德明說，嘼是嘼養之名，獸是毛蟲總號。上象耳，中象頭，下象足厹地之形，古文下从厹，篆文改作古，仍象足蹂地之形也。

位東方之孟，陽氣萌動，从木戴孚甲之象。一曰人頭宜爲甲，甲象人頭。凡甲之屬皆从甲。

十干歲雄也，分位於天，甲乙在東方，甲居首，故位東方之孟。東方者，青，日行青道，主發生萬物，是爲孟春。孟，猶長也。禮記孟春之月，天氣下降，地氣上騰，天地和同，艸木萌動。五行東方春爲木，故制甲字，取木戴孚甲之形。司馬遷說，甲者，言萬物剖孚甲而出也。班固說，出甲於甲。孚者，卵也，如今言殼，孟春艸木萌芽未折，故象木戴孚出，本下說，丅象根在丅，甲从丅，象根萌在下，冖象孚，甲萌冒於上也。爾雅，太歲在甲曰閼逢，月在甲曰畢，甲爲東方之首，故訓爲首，亦訓爲長，國策以萬乘之術，甲於

秦楚書甲於內亂漢制令之首爲令甲科之首爲
科甲甲象木戴甲故又以爲甲冑介蟲曰甲蟲余
樾說甲本義爲甲冑本義爲甲蟲育仁按黄帝命
大撓作甲子與倉頡造字同時十干與十二支必
有專字甲象人頭乙象人頸以下蓋制
字之初近取諸身遠取諸物兼有其義

乙

象春艸木寃屈而出陰氣尚彊其出乙乙也與丨
同意乙承甲象人頸凡乙之屬皆从乙
乙次於甲位東方之仲故象艸離孚甲而出見二
月句芒始達而陰氣尚彊剛柔始交而難生其形
乙乙然司馬遷說乙者萬物之軋軋也禮鄭康成
說乙之言軋也物之出地艱屯如車碾地澁滯班
固說軋於乙易京房說乙屈也張揖說乙軋也與
丨同意謂引而上行艸木乘陽欲出凝於陰故乙
乙然爾雅在太歲在乙曰旃蒙月在乙曰橘育
仁按閼逢旃蒙等二十二名皆倉頡以前音字

丙

位南方萬物成炳然陰气初起陽气將虧从一入

冂一者陽也丙承乙象人肩凡丙之屬皆从丙

南方者夏日南行赤道主長育萬物以其時萬物皆成炳然可見故謂之丙分位南方禮記鄭康成說時萬物皆炳著見而强大又因以爲日名焉司馬遷說丙者言陽道著明班固說明著於丙張揖說丙炳也陽盛而陰伏焉故說陰气初起陽气將虧从一一天也冂覆也夏至陰生而陽入伏故从一入冂爾雅太歲在丙曰柔兆月在丙曰修育仁按古文作丙象孟夏艸木長葉扶疏

个夏時萬物皆丁實象形丁承丙象人心凡丁之屬皆从丁

丁次於丙爲盛夏花落蔕見將成實故說萬物皆丁實司馬遷說丁者物之丁壯也壯盛也盛實也徐鍇本作丁壯成實班固說大盛於丁張揖說丁盛也爾雅太歲在丁曰彊圉月在丁曰圉按彊圉丁壯韻附蕃縉音並存其義故月名縮同重音

戊

中宮也象六甲五龍相拘絞也戊承丁象人脅凡戊之屬皆从戊

五行運於土萬物起於黃鐘戊己位乎中主運四時而不用事禮記中央土其日戊己鄭康成說四時之間日行黃道四時之間者土分旺於四時也其定位則爲中央班固說豐楙於戊張揖說戊茂也六甲卽班固書日有六甲土居中而寄王六甲皆統於戊五龍五行之龍也鬼谷子盛神法五龍萬物起於黃鐘五行皆本於土戊古讀茂萬物成始成終故象六甲五龍相拘絞之形制爲戊字與五同意五象陰陽在天地交午也爾雅太歲在戊日著雍月在戊日厲

己

中宮也象萬物辟藏詘形也己承戊象人腹凡己之屬皆从己

戊己同宮納音爲土坤爲歸藏故象萬物辟藏以爲己字詘形謂篆體詰屈詰屈者陰之象禮鄭康

成說己之言起也、劉熙說己、紀也、爾雅、太歲在己曰屠維、月在己曰則、

巳

蟲也、或曰食象蛇、象形、凡巳之屬皆从巳、

說巳爲蟲、舉大名也、猶鹿䴟兔下說獸也、山海經、巴蛇食象、三歲而出其骨、許箸爲或說者、許意巴是地名、義不可得而說、据略似ㄛ象蛇形、統釋之爲蟲也、然當廁己部之後、而篆體作ㄛ、按戊己辰巳、古讀皆同、以卽ㄛ字反書之ㄛ台也、胎也、戊己巳午、皆屬中宮、

庚

位西方、象秋時萬物庚庚有實也、庚承己、象人臍、凡庚之屬皆从庚、

西方者秋、日行白道、主成孰萬物、秋、揫也、揫、歛也、秋風肅歛、而萬物成、五行生金、金曰从革、革、更也、故說萬物庚庚有實、禮記鄭康成說、庚之言更也、萬物皆肅然改更、司馬遷說庚者言陰气更萬物、班固說歛更於庚、李陽冰說、从干从廾、象人兩手把干立、於義無當、篆體當从徐鍇作庚象物之成

實也、上象跗、下象實、爾雅、太
歲在庚曰上章、月在庚曰窒、

辛 秋時萬物成而孰、金剛味辛、辛痛卽泣出、从一辛、
辛、辠也、辛承庚、象人股、凡辛之屬皆从辛、
辛承庚、殷在、仲秋、於時萬物成熟、鄭康成說、秀實
新成、因以爲日名焉、司馬遷說、辛者萬物之新生、
班固說、悉生於辛、劉熙說、辛、新也、皆以新釋辛、鄭
許謂萬物成熟、金剛味辛者、說辛从辛之義也、詩、
金曰从革、从革作辛、今人猶言鐵辛、秋气常肅殺、
故人感秋气而悲、辛酸泣出、辛、辠也、人入於辠、則
辛酸泣出、正如秋气中人、天之四時、春生秋殺、聖
人象以行刑、故制辛字从辛、从一、辛會意、蓋古文
辠愆字、故辠辛字皆从辛、爾雅、太歲在辛曰重光、
月在辛曰塞、育仁按此非古文、古文作𢆉象果熟
將落辭枝、故
以爲悲辛、

辡 辠人相與訟也、从二辛、凡辡之屬皆从辡、

會意也，卽本辡字，後演辡字，皋人相與訟，則兩造俱有辭爭直，待聽者理之，辭下說，辛，猶理辜也，故辡从二辛，按古文作𨐨，謂果實成熟，各有辨別。

壬

位北方也，陰極陽生，故易曰，龍戰於野，戰者接也，象人褢妊之形，承亥壬以子，生之敘也，與巫同意，壬承辛，象人脛，脛任體也，凡壬之屬皆从壬。

北方者，冬，日行黑道，主閉藏萬物，陽極生陰，陰極生陽，環相爲始，故冬至一陽生，坤上六，龍戰於野，坤上六，位在亥，純陰之極，卽又生陽，乾鑿度曰，陽始生於亥，文言曰，謂其兼於陽是也，許說易戰接也，正謂坤上上六在亥，陰極生陽，爲陰陽交接之際，人之褢妊，正陽孕於陰之內，故象人褢妊之形，以爲北方榦位之名，承亥，承亥壬，謂陽气根荄於亥，而能孕育，是壬承亥，太乙九宮位，壬子癸生氣之敘也，與巫同意，謂工與巫同，取義人褢妊，生子，五官百骸畢具，如規矩之成方圓也，巫與工同意，工說象人有規矩也禮記鄭康成說壬之言任也時萬物褱於下司馬遷說壬之言任也陽气任萬物於下班固說懷壬於壬劉熙說壬妊也爾雅太歲在壬曰玄黓月在壬曰終

冬時水土平可揆度也象水从四方流入地中之形癸承壬象人足凡癸之屬皆从癸

癸次於壬位殷正北是爲冬時冬爲閉藏水澤皆渴故說冬時水土平象水四方流入地中以爲癸字萬物已入則有坏城郭謹蓋藏固封疆之政以爲冬令助大地之閉藏故云可揆度也司馬遷說癸之爲言揆也班固說陳揆於癸劉熙張揖亦說癸揆也鄭康成說揆然萌芽萌芽謂艸木然癸當象艸木根荄於下青仁按古文亦作[illegible]四屮丩結正象艸根爾雅太歲在癸曰昭陽月在癸曰極

十一月陽氣動萬物滋人以爲稱象形凡子之屬皆从子

十二支歲雌也子為之首位居正北斗柄建子是為十一月夏正仲冬周正以為歲首伏生說周以萌殷以芽夏以至動夏時得天三統以夏為正故建子為十一月司馬遷說子者孳也言萬物孳於下也班固說孳萌於子張揖說子字也子為滋者陰極陽生終則又始故天元之始於十一月甲子夜半朔旦冬至冬至一陽生也滋即孳孳生也孳乳也故說陽气動萬物滋子之制字本為斗建正北仲冬十一月之稱故其時萬物滋動命之曰子人為萬物之靈天地之性最貴者人之初生猶物之始萌也故象人初生之形以為十二支之首上象首兩旁象手下象足併猶大字取象人形以為天大地大人亦大也人以為稱人謂作人人以為稱者猶來為行來韋為皮韋西為東西朋為朋黨緣子取子初生之形因遂以子為人之通稱并以為人之美稱正與大象人形而所屬之字多从人取義但未以大為人之稱耳爾雅太歲在子曰困敦十一月為辜

了

尥也从子無臂象形凡了之屬皆从了尥音料

尬，行脛相交也。本謂牛行腳相交，凶之凡物相糾繚。謂曰尬。楊雄書：㐱尥也，尥懸也。郭璞說：了，相了糾戾也。尥懸也。郭說：了尥，懸物皃；了戾，卽繚糾。了尥謂尥然糾而懸之。唐人每謂門環爲了鳥，亦取糾懸之義。了義後起，以爲了悉，蓋瞭之假借。本爲繚糾之稱。交象子無臂形，義不附。按部屬子孓二文，說爲無左臂無右臂，而其義皆取特立。育仁謂𠄎不从𠄎而畫𠄎形，乃指事。謂結而懸之，孑孓當作𠄎。𠄎𠄎，乃从𠄎省見意，與虍丫同意：虍取虎之半體，丫取羊之半體，俱爲象形。

孨

謹也。从三子。讀若翦。凡孨之屬皆从孨。

會意也。㚔下說㚔，小謹也。孨猶㚔也。禮記：退然如不勝衣。正謂孨。孨謹之皃。司馬遷書孱王，韋昭說：仁謹皃。孱卽孨之借字。取義人初生，孩提之子，善性未雕，無敢放肆。三之者，衆也。猶相羣也。翦孱雙聲。古無平上音，同讀孱矣。

𠫓

不順忽出也。从到子。易曰：突如其來如。不孝子突

出不容於内也、凡𠫓之屬皆从𠫓、

會意也、𠫓从到子、許以爲不順忽出、引突如爲𠫓之借字、按𠫓部屬文二、育下說養子使爲善也、疏下誧通也、皆無取不順之義、則謂𠫓爲不順子突出、於義未安、突本義、犬从穴中出、昜之突如、正當取此以喻不孝子、行失其道、似犬从穴中出、然不必爲𠫓之借字、吳搢玉說𠫓當象子始生形、子生頭先下地、故从到子、以育疏从𠫓參之、吳說爲長、卽古文育字、養子使爲善也、書敎冑子、詩鬻子之閔斯、鄭君說皆當爲育、究原古文當爲敎𠫓子𠫓子之閔斯、

紐也、十二月、萬物動用事、象手之形、日加丑、亦舉手時也、凡丑之屬皆从丑、

丑次於子、位居東北、斗建值丑、則爲十二月也、夏正季冬、殷正以爲歲首、陳寵說、十二月陽气上通地以爲正、殷以爲春、王者通三統、雖改正朔、至授民時、則用夏正、司馬遷說、丑之言、紐也、班固說、紐

三二五

牙於丑、劉熙張揖亦說丑、紐也、紐下說系也、一曰結而可解、月在丑丑位陽气已動、陰气漸解、是陰陽之交系樞紐也、从又、又、手也、手、用事者也、丨之、示當用事、時加丑、亦舉手時者、蔡邕說、夜半子也、雞鳴丑也、過半夜至雞鳴、羣動將作、故丑爲舉手時、制字取此爲形、近取諸身也、古分晝夜爲百刻、不分爲十二時、以此合蔡邕之言、然亦仿於古、申下說、吏以餔時聽事、申旦政也、餔下說、日加申、食時也、可爲互證、周正建子、故以夜半爲冬至、商正建丑、故以雞鳴爲冬至、夏正建寅、故以旦爲冬至、爾雅、太歲在丑曰赤奮若、十二月爲涂、按赤奮若、繙音並存義、故李巡孫炎、睢詞立說、

寅

髕也、正月陽气動、去黃泉欲上出、陰尚彊、象宀不達、髕寅於地下也、凡寅之屬皆从寅、

•寅位東方、斗建寅是爲正月、夏正孟春、人以爲統命之曰寅者、司馬遷說、寅、言萬物始生螾然也、班固說引達於寅、張揖說寅、演也、釋爲演者、謂陽气發動、若泉之始達、形演演然螾、卽蚓、引亦蚓之借、

蚓處黃泉、乘時上出、陽气動、去黃泉欲上、如蚓之出土也。許說爲䏣、段玉裁說當作演字之誤也。育仁按、䏣刖足也。許主陽气動而陰尙彊、與諸家說小異、就字形以明制字之義也。寅、古文作𡗝、下从土、篆文寅、上从宀、下省土、中即从古文省、从宀、臼下說、宀宀不見也、不見猶不達也。說爲陽气動、去黃泉欲上出、䏣寅於地下、即說古文从土之義。古文𡗝、即古文龍𡿺之變體。黃帝有大螾之祥、大螾即龍也。故蚓亦名土龍。古文字少、物同形者幷爲一稱。易文言曰、爲其兼於陽也、故稱龍焉、猶未離其類也、故稱血焉。其即此義。爾雅、太歲在寅曰攝提格。正月爲陬、

丣 冒也。二月萬物冒地而出、象開門之形。故二月爲天門。凡卯之屬皆从卯。

卯位正東、斗建之爲二月、命之曰丣、丣、冒也、以陽气正盛、冒地而出也。酉下說丣爲春門、萬物已出、司馬遷說卯之爲言茂也。班固說冒茆於卯、劉熙說卯、冒也、戴冒土而出也。許木下說冒也、木主東

方之行。甲下說，象木戴孚甲而出。卯承甲，故同取義於木。二戶爲門，丣正卽門字而分背之，故說象開門之形。爾雅，太歲在卯曰單閼。二月爲如。

辰

震也。三月陽气動，雷電振，民農時也。物皆生，从乙匕，象芒達，厂聲。辰，房星，天時也。从二，二古文上字。凡辰之屬皆从辰。

辰位東南，斗建之爲三月。命之曰辰者，以陽气始震也。司馬遷說辰者，言萬物之振也。班固說振美於辰。張揖說，辰，振也。振，震也。詩，四之日舉趾，殷正四月，夏正之三月也。故辰之月爲民農時，从乙所謂句者畢出。故下說乙匕象芒達，三陽動，雷電作，萬物萌者盡達。正用禮記季春之月文。說从乙从匕之義。爾雅，大辰，房星尾也。國語，韋昭說，農祥，房星也。辱下說，辰者農之時也。故房星爲辰，田候也。然正因辰月爲農時，故命其時之中星曰辰，以爲田候。其加晶作曟者，孳乳相生，後起之字也。故說辰、房星、天時也。二，古文上，上猶天也。房星中於三月，天所以示民農時也。爾雅：太歲在辰曰執徐。三月爲辰。按辰即古文震，即娠字。

巳　巳也。四月，陽氣巳出，陰氣巳藏，萬物見，成文章，故巳爲蛇，象形。凡巳之屬皆从巳。

巳承辰，斗建爲四月。今讀若自，古讀若戊巳，故說巳然可見也。司馬遷說，巳者，言萬物之巳盡也。班固說，巳盛於巳。劉熙說，畢布巳也。古讀辰巳之巳同巳然之巳，以巳然釋巳，顧野王說不易字之例也。張揖說，巳，以也。以猶巳，以，用也。用則巳施行，以下說巳意。巳，實也。四月日南至，晝長夜短，萬物之含生者皆巳盛實盡見，故說成文章。其字取象蛇形者，凡蟄物驚蟄而出，蛇蟄最久，陽盛始出，故取而象之，畫成其物，隨體詰屈，以爲巳字。巳象蛇，亥象古文豕，此即十二屬之說，蓋自古傳之。王充書：寅，木也，其禽虎也。戌，土也，其禽犬也。丑禽牛，未禽羊也。亥，水也，其禽豕也。巳，火也，其禽蛇也。子，其禽鼠也，午亦火也，其禽馬也，蔡邕書亦說十二辰之禽，五時之畜，然正以巳之禽爲蛇，故象蛇形爲巳字。爾雅，太歲在巳曰大荒落，四月爲余，按制字之體象蛇形，定字之義从反乙，屬象意，以名九宮之位，則屬處事。

午

啎也，五月陰氣午逆陽冒地而出，此與矢同意，凡午之屬皆从午。

午位南方，斗建之爲五月，是爲夏至，令之爲午者，四月純陽已極，夏至則一陰生於下，與陽相午逆，故說午爲啎，啎逆也，逆迎也，謂陰乘於陽，司馬遷說午，陰陽交，班固說咢布於午，咢即遻之借，張揖劉熙皆說午仵也，陰午於下，則陽益散漫於上，故制午字，象陽氣縱橫冒地而出，與矢同意者，謂取形與矢同，於義無所取證，闕疑載疑也，爾雅太歲在午曰敦牂，五月爲皋，

未

味也，六月滋味，五行木老於未，象重枝葉也，凡未

之屬皆从未、

未、次酉南、斗建之爲六月、命曰未者、取物皆成熟有滋味也、司馬遷說、未者、言物成有滋味也、班固說、昧薆於未、劉熙說、未昧也、日中則昃、向幽昧也、張揖說、未味也、淮南書、未生於亥、死於未、亥爲北方、五行屬水、水生木、故木生於亥、未次酉南、五行西方金、金尅木、故木死於未、許說爲老者、未在西南、金猶未盛、故但言老、木老則果實成熟有滋味、枝葉重疊、說篆文也、按古文當作未、上象果實未味同字、爾雅、太歲在未曰協洽、六月爲且、

申神也、七月陰氣成體、自申束、从臼、自持也、吏以餔時申旦政也、凡申之屬皆从申、

申承未、斗建之爲七月、命曰申者、以是時陰氣漸盛、乘陽用事、成形體也、司馬遷說、申者、言陰用事、申則萬物、申、班固說、申堅於申、張揖、顧野王、皆說申、身也、申則申堅、卽許言申束身體也、說申爲身卽

謂陰氣成體、許釋爲神、亦正謂陰氣成體也、禮記神、陽氣也、析名神專謂天神、故謂神陽氣、統詞凡有精爽皆曰神、詩言神之格思、神既醉止、皆謂人鬼、左傳是以有精爽至於神明、挼申神古今字、古文只作申、最初文作⺂、次乃作𦥔、篆文引直整齊則作申、就形立說、从𦥔、𦥔、叉手也、所以自持、自持、卽所謂自申束也、或說申卽古紳字、坤神紳皆从𦥔衍、𦥔又从⺂衍、則本爲神字、故用今字釋古文、餔時者、日加申、食時也、古者、朝以聽政、復以日餔時聽事、是申修旦所行之政也、故蔡邕說日餔申也、劉熙說、未爲日中則昃、與丑下說、時加丑、亦舉手時、則分晝夜爲十二時、然起於古矣、爾雅太歲在申曰涒灘、七月爲相、

酉

就也、八月黍成、可爲酎酒、象古文酉之形、凡酉之屬皆从酉、

酉位正西、斗建之爲八月、酉、古文本丣、音讀如丣、與卯同意、轉音則讀如卣、音讀如酉、故司馬遷說

酉者、萬物老也、淮南書、酉、飽也、古文語綫、讀如卯、與讀如卣同爲一音、故留柳聊劉等字、皆从丣聲、虞翻說、古大篆丣、讀當爲柳、班固說、留就於酉、劉熙說、酉秀也、丣从二戶分背、故爲春門、象萬物出丣形同丣、惟上橫合併、故爲秋門、象萬物入、丣下說、一、閉門象也、其酉字、本古文尊酉、卽今所用卣字、畫象中尊之形、篆文變古、以八月黍成可爲酎酒、故取古中尊之酉、以爲八月之名、旣以酉代丣則中尊之酉、失其本字、爰借木實之卤爲之、隸又變爲卣也、今之酉卽古文之卣、卣中尊也、篆文雖以酉代丣、而从酉之字、仍古文、故部屬六十七、皆取尊酉爲義也、就成也、謂是時萬物皆已成孰、是時農功告畢、釀酒宜以時、酉、古文中尊字、實酒者也、木象形、篆取爲八月之名、於制字之本指無以明之、故說象古文之形、爾雅、太歲在酉曰作噩、八月爲壯、

八 酋

繹酒也、从酉、水半見於上、禮有大酋、掌酒官也、凡酋之屬皆从酋、

醳紬也醳酒謂歷時久釀之酒周禮三酒鄭康成說事酒酌有事者之酒其酒則今之醳酒也昔酒今之酋久白酒所謂舊醳者也清酒今中酒冬釀接夏而成許書無醳字醳即醳也三酒皆久釀而成別於畬之疾熟醉之宿熟造法緟繹而成許說酋爲醳酒正取此義宜兼三酒言之然酋不專謂昔酒从水半見與谷上同醳酒經久糟下湛而水上見酋中尊也所以盛酒

戌

滅也九月陽氣微萬物畢成陽下入地也五行土生於戊盛於戌从戊含一凡戌之屬皆从戌

戌位西斗建之爲九月自夏至一陰剝陽於下盛德在土至九月而陰盛極故於卦候九月爲剝五陰方盛一陽將滅詩毛傳火死於戌也故說戌爲滅九月則收者畢成藏者畢入艸木黃落陽下入地司馬遷說戌者萬物盡滅班固說畢入於戌張揖說戌恤也淮南書土生於午壯於戌戌从戊一者戊中宮也土居中央運四方故生於戊分旺於四時之季九月秋季也秋行爲金土以生金故壯

盛在戌、戌从戌含一、與音从言含一、甘从口含
一、同爲指事、爾雅、太歲在戌曰閹茂、九月爲玄、

亥荄也、十月微陽起接盛陰、从二、二古文上字、一人男、一人女也、从乙、象裹子咳咳之形、春秋傳曰亥有二首六身、凡亥之屬皆从亥、

亥位次戌、斗建之爲十月、自夏至一陰生、至九月而爲剝、十月爲坤、剝極而復、陰極生陽、冬至一陽生、終則又始、荄根也、陽氣根於下也、微陽起接盛陰、接搆也、壬下引易龍戰於野、說戰接也、亥十月盛陰已極、微陽將復根荄於下、初與陰接是陰陽之交際、文言曰爲其兼於陽也、故稱龍焉、猶未離其類也、故稱血焉、微陽根荄於下、陽初與接則爲陰所閡、司馬遷說亥之言閡也、班固說該閡於亥、劉熙說亥賅也、萬物成核、得土而根荄出、陰中有陽、終則復始、故亥說爲賅、又說爲核、文言所謂兼於陽也、从二、凡古文从一者、篆文皆从二、一古上二、篆文上也、下从二人者、陰陽之交、乾道成男、坤

道成女、故說一人男一人女也、九宮之位、亥弌壬、壬次子、亥爲陰陽之交、象夫婦之合、易曰、男女搆精、萬物化生、故从乚象裹妊之形、至子則成體而孳生、故壬下說承亥壬以子、生之叙也、春秋傳曰、亥有二首六身、育仁按二首卽古文上、二首卽言上首、六身孔穎達說六畫爲身、今篆無六畫、孔說殆非、身卽謂下二人、乾道成男、坤道成女、詩太任有身、卽謂有妊、乚許說象裹子咳咳之形、咳卽荄、謂婦人裹子、初有兆朕、如核下種、始有根荄、六謂乚、卽算爲之六、亦卽古文厷、厷卽肱字、子了下皆說乚象臂是也、古文字少、但取音同、便相段借、肱讀若弓、弓亦讀若昆、今富順北鄉牟坤壩方語爲磨弓壩、以今證古、知厷可借爲坤、二首六身之言、本同隱語、如今俗造猜謎、隱乚爲坤、隱二爲上、隱男女爲身、猶云上首下身也、爾雅、太歲在亥曰大淵獻、十月爲陽、又按此非古文、左傳說亦載時人說字、鄉黨異聞、古文亥豕同字、正當作豕、與巳之取誼於蛇同例、十二禽屬是也、故三豕渡河、子夏始正其讀爲己亥、然戊己之已、當从鐘鼎作㠯、中泐乃誤爲三、篆文之亥、當从古文作𠀅、右ㄅ上畫旁

出於前乃譌爲豕也、
此其可推知者也、

男 維瑜敬校并篆

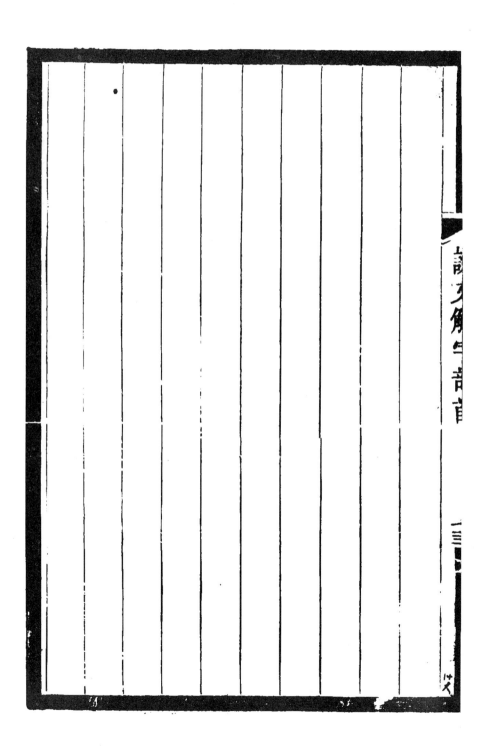

同文略例小篆通古文學與

第六男維瑜敬署

問琴閣叢書之一

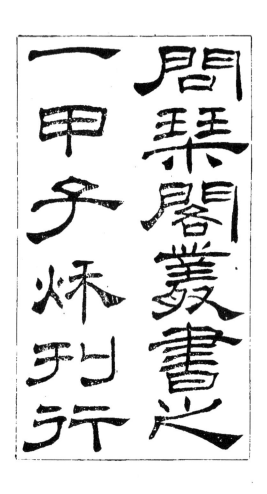

甲子秌刊行

同文畧例小篆通古文舉要

宋育仁箸

由篆籀以究古文、不得其門、則終身講說文以小學名家、亦祇成爲考据之學。凡篆籀皆由古文之變、後來引申假借義皆由古文出。問琴閣發明同文解字、初似河漢無涯、今爲學者指出簡捷法門。仍只先就說文中之古文起例推例、如云、卽雲之古文。因借爲說義而加雨。气卽氣之古文。因加畫气點、而與氣同形。禾卽稽之古文。因聲不明而加尤旨以譯音。𠌶卽華之古文、因形不顯義而加艸。包卽胞之古文。包乃勹之別義專字、因从己意晦、而加肉。与卽與之古文、推與黨與仍是一義、宅卽蛇之古文。夊卽致之古文。二字因嫌字體簡單合二成文仍是引申。

字。）朩即𣏟之古文。朩、亦𣏟之最初古文。（猶屮、本艸之古文，象初生形，朩本𣏟之古文，象分𣏟形，重之，仍是一字，後加广，爲麻。）就其顯，以推其隱。就其所載，以推其所未載。更就所已知，以求所未知。觸目可識。籀篆皆从古文而增爲複體。如冃、增爲冒。（冒即冃之引伸義，）再增爲帽。（巛、从巛在一下會意，）增巠。（仍是巛字，）再增爲經。（从巠引伸，加系，）籀、古文只當作留。增體作摺。（聲借，加手爲專字，）再增作籀。（仍是摺字，）篆、古文只當作𢀖。（即篆之借字，）象豕首形。增體作彖。再增作篆。（盖聲借，加竹爲專字，）竆破此關。從可推知、由複體而㝊演偏㝊者滋乳雖多。在古文必同屬一字。（聲相同之字，義多相近可證，）即如冒、增王㝊爲瑁。增衣㝊爲帽。增貝㝊爲賵。增毛㝊爲毷。（聲義與本義無涏卽是由聲借加旁、餘仿此、巠、演彳旁爲徑。演辵旁爲逕。演赤旁爲赬。演阜爲陘。演力爲勁。演刀爲剄。有二十餘名、留、以類演成爲㨨。爲霤、爲溜、爲罶、爲榴。有十餘名、象、以類相別爲椽、爲掾、爲緣、爲篆、爲蝝、有數名、六書形聲所謂取譬爲名以類相成是也。謂聲同義異初是聲借後加偏旁爲別、取譬爲名者卽从某取聲之字。取其譬喻相同。卽讀若某聲之比。如帽、⿰衤冒、賵、瑁、毷、均讀若冒。以類相成者。如帽从巾。類⿰衤冒从衣。類瑁从玉類。賵从貝類。毷从毛類。餘以此例推。明此一例。如禪家頓悟。不識之字。据部首以勘合六書。無不可識之字矣。此類字假借加形者多、从某本聲者少、但須畧明古音。始無扞格。最要知古音甚寬。無所用其分部。舊經學家顧炎武、江聲、段玉裁、朱駿聲、諸老。所分古音五部、七部、十七部、求密反疏。不知古人音緩。疊韵雙聲。讀如一字。古無韵本部首音讀。卽是韵本。古無四聲。讀若之例。平仄一律。是以六書舉形聲之例。謂江河是也。江讀若工、河讀若阿、卽丅乁字、其取譬爲名、謂江流工整、由石地成聲、河流阿蕩、由沙地成聲。其以類相成、謂此乃水類分別之名。故箸水旁。明其異於杠、紅、貢、虹、訶、阿、哥、何等字之各歸其類也。此類極繁。今旣簡而明之矣。元音之字、聲與義合、音借之字、聲與義不合。此外惟轉注一例。說者最爲複襍。曹仁虎轉注古義考。所舉二十餘家。雖有得失相參。然皆就小篆學、附文生義。今探溯古文，則無多轇轕。轉注舉考老爲例。考老二字皆古文。□今髮字、从上拔。□今毛字、从下垂。小篆乃誤合爲一字。此類甚多，許書亦沿時習合之，或以隸字無別，合之、人髮朽丂、杇、同字、爲考。人髮變七、古文變、爲老。此例與會意類而有別，異中見同。皆从人髮取義，建立爲一首，以部居此類之文，故曰建類一首。而注以下一字，俾相識別，與會意略同，故曰同意相受。考取義於人髮已朽，入廟稱考，無滋乳之字。老取義於人髮變，年高七十之稱，而耆、耋、耄、耇、壽从老，或省或不省，皆从年高之老。轉注孳乳，同受意於老，非从人髮受意。因以明六書之廣例，其分別部居，聯綴統系。

均可以此法解之。如部首一、係一符號。丨、亦記一符號。積畫而三組合丨（卽貫字）意。卽爲王字。三畫均勻組以丨之、定爲玉字。王玉本同形。最初古文同形別義者尚多。舉此見例。以證轉注例。如玉部若干字、皆从玉受意。既不受意於三。更不从一从丨受意。而推究其原。仍由一一積畫而三、引而爲丨、統於部居之首。天地名物、皆由虛而轉注於實。如一、爲虛記號。王、爲事名詞。尚屬半虛半實。玉、爲物名詞。則純成實字矣。許冲說文後序云、其建首也、立一爲耑。方以類聚。物以羣分。雜而不越。据形系聯。同條共屬。並理相貫。引而伸之。以究萬原。釋本書之部居統系、卽說轉注之廣例也。此類宗小徐說、於諸家言頗近理、但於六書造字之界、與假借對文、微有礙、假借一例多由後起而始制文字已寓有此法。例如於之借丨爲杠、小之借丨爲界、巾之借丨爲系、古文之借丨爲丄、皆是、卽借實形之名物、規爲意事之假名。如瑞麥天之所來、遂以爲行來。日在西方而鳥棲。遂以爲東西。鳳所至羣鳥從飛以萬數、遂以爲朋黨。古文形實字、無不可用爲動指詞。卽如前說玉字、爲純實字、而詩王曰玉女、用爲動詞。又如莊子、日而月之。禮記上敬民言、則下天上施。上不敬民言、則下不天上施。周禮水地以懸、日月天水字、均可運實爲虛。餘有未經運用、無不可運用也。以上舉例、係引假借一類、許書敘例立說如此、假借、舉令長為例、令、是合節。亼卩卽合節合節卽合印合符、用為動詞為使令、副動為禁令、號令、法令。再借轉始以名官長、古文𠑹从人上加人中箸横一、葢象負擔明其身長者出人頭地、自肩以上見。轉而為滋長、引長、長上、之名。再轉以為官名、乃晚出後起之義也。令字最先見於虞書。巧言令色、令訓為善。而書經與論語同舉巧言令色、皆不滿之詞。然則古義正當据形為訓。乃為色莊者特設名詞。猶今世語云合式、合格、云爾。長字最初見於易、長子率師。已用轉義。從長夂立解、皆非本無其字。依聲託事。然則假借舉令長為名、乃指秦漢縣令邑長之官名也。此係許書引借之一例凡虛引實實引虛皆是外如形借意借不在聲借之類書中有其字而未發其例如一借爲上郎意工借爲杠郎形是也

六書出於周禮保氏先鄭注說轉注象形會意處事假借諧聲。說文解字許君序說指事象形會意形聲轉注假借。漢書藝文志班固說象形象事象意象聲轉注假借。稱名互有異同次第各有先後。目次以象形爲先者謂造字以形始也目次以指事爲先者謂造字以記事也學者於此又互相非難今爲解決按六書九數五射六御乃周禮六藝之教科而皆有凡無目九數五射六御之目皆据注文學者始得聞而知之。然則六書之目先鄭所受傳在杜子春以前可知其目

爲處事。者據位置言，如手指措置變動，別成爲字，皆是，與班書之象事相同。指其處所。郎西文例所云區指。諧聲者，同聲相和。郎西文例所云狀況文字之應用。物名、事名、意名，三類盡之。故統括部居，畫成其物之字，例如日月，爲物名詞；合二字取義，例如信武，爲意名詞；指其處所，例如上下，爲事名詞。西文例所謂字職是也。此外因方言之語音，加偏旁而歸類，孳乳字多，主於代表語音之狀況而已，故目之爲諧聲。鄭注重在部分字類，立爲物形一類，爲意名一類，爲人事一類，爲語音一類。許書目爲指事、形聲，則就字之結體爲主，其分別部居，不局於物名、事名、意名、聲類之分類後序所云雜而不越者正謂古文同形而異誼字誼之應用又轉變多方据形系聯雜而不越謂雖有物名事名意名相羼雜而亦不越六書之範圍也六書本互相經緯原設六法爲造字之法卽用字解字之法用此一法不能完成則用彼一法或一字獨用一法或參用數法例如會意舉例之兩字武之止戈二字皆象形信之人言人屬象形言屬會意言之上體辛从干上會意而𢆉从反入一以指之則屬指事指事重在指字如手用指之所指凡單簡一筆多至兩筆就字義解說不能明者卽是此例如干从反入从一則不能明入爲矢鏃

矢鏃反向內。須有以禦之，故畫一以爲記號，制爲干盾之干。而盾爲扞衞扞禦，如作一字解，則意不能明。又如豕，則从豕而乀於足閒。刃則从刀而箸丶於刀鍔。办（古文捌，即今之創字）从刀而箸八於兩旁。厘从里而箸厂於其上耑。从馬而箸〇於蹄下。亦从亣（即大字，象人正立形）而箸八於兩腋閒。叉从手而箸丶於三指閒。推例甚多，此其所以與會意之區別，故曰察而見意也。至如反仄爲丸，倒予爲幻之類，屬之會意固合，屬之指事亦可。六書者，用以識字解字，以求講貫古書，非教學者以解說六書爲學也。

六書，班氏說爲象形、象事、象意、象聲、轉注、假借，皆造字之本也藝文志出劉向校書中秘其承受學說亦最先原自拚音之始未有筆帛簡漆用繩結爲字母其拚合之語又以結繩成形之字母首尾相連用以傳遞由此達彼可以通知是以許敘謂神農結繩而治及倉頡見鳥獸蹏迒之跡知分理可相別異乃仰觀象於天俯察法於地近取諸身遠取諸物爰造書契固先象形而人意所動卽有意象意與物相交卽成人事之現象如一丨之於意象事象尚有區分从此立一爲端·而識其上下或箸一丨以誌其上下卽意動於內而指象於外故指事謂之象事又如·之與一丨同屬最初而乁乀

ㄋ口相緣並起造書契與容成造曆算同時自・以爻卽算術之點綫面體由點而橫綫直綫切綫曲綫合而成規積而成口爲面面積爲體直綫與切綫合乚爲勾股三角合勾股爲口而成矩平綫直綫相加爲十切綫相交爲乂兩直綫平行永不相値爲‖凡此之類尙在人事之前而已成象故謂之象意有聲音卽有語言言者意之聲字者聲之寄也古謂字謂之名百名以上書於册不及百名書於方故說文說字訓義兼訓聲劉熙釋名一書由此起例如日實也月闕也日字形作口乃畫方中之容員非方非員卽方卽員鐘鼎古文公之半

體葢卽容之古文其義爲點綫面體之體隸書體作體骨不从冋葢从古文口日字从此以明充實之意月畫D形以明其恆闕也又如兄篆从口其說迂回難通兄訓茲長屢見於詩毛傳與況同訓況者益進之詞据此互勘兄當从容員之體又如豈下一曰欲登也係助詞之義此類有聲無形在事意之閒無所專屬故取旁義狀況以象其聲日月有形卽形定音以兼象其聲六書本輾轉互證非墨守小篆者局於許書一成之例也推之如曰于亏爰台朕卜陽義有正借皆屬象聲又如民萌也革更也屮才見也口回也凡許書注說从古文之

象象古文某之形者皆是借形以狀況人言之聲自拼音時代相傳其字母皆有聲而尚無形義字母無形義然聲从詛起其字母所拼之字自當與詛合然雖屬無意識之符號而其結體必有分別之成象英倫博士麻翁為言西文自印度傳來八變而至今之英文因指字母曖甫為證云初作丫形人見有角之蛇能殺人則驚呼曖甫如爾雅歲陽歲名等廿二干支之古文率用三音兩音拼合以為符號大撓作甲子亦與造字同時歸納拼音為單音一字而其命名之聲讀亦取狀況於無形之形似即屬象聲故訓其聲云甲假也乙軋也丙昞也丁盛戊茂己紀子孳丑紐寅螾卯冒辰振巳已午迕未味云云拼音在文字前斷可知矣數

目干支自是古文許書就後起之義為說許書以後起詭說字甚多蓋俯从時好為解多迂回難通問琴部首箋正略有引端未竟其意列舉發明如後。

一二三亖古文皆積畫許書重出古文弌弍弎蓋古文奇字从弋弋識也謂記數加偏旁與三才之義相分別四正作亖後出之字𠕁畫形開方同時所制乂古文取兩切綫相交指四方而中央備於數為五位於義為交迕𠕁从四而●其上方為誌以明平方四方即立方之六方矣乜作勾股而箸一指其事勾三股四合成七數也八作兩切綫分布兩隅虛其六綫合四正四隅成幾

何之八綫𠆢作兩折綫相交卽古文之乂字而小有差别略成曲綫形以明數之究盡至十則復進爲一矣故墨經云十多於五而少於二十卽就乂而取正明縱横相加天地數五而相得有合篆文始於乂增上下一在上爲天一在下爲地明天地之交合在天地之間也百十十也从𦣻者古文自字十進爲一以一自乘故十十爲百从自一相乘會意籀文四从二二亦是相乘爲字千十百也从人从十以十遞乘以一自乘之百卽所已知以求未知故从人與自相對爲意十相乘會意萬古文作万卽万之變體旁下說从古文上闕闕者下體冂不得其解故从蓋闕其

實卽丙之變體而差參寫之。丙乃最初古文，畫上下四旁。故方旁同字。四旁卽四方。最多數以爲符號。或省作丙。篆增複體萬。上體乃囟之異形。下體从丙而厶以識之。與厶相提。其別體乃取整齊。遂演成卐字。此後遞加之數億兆以往皆爲借字矣。

甲至癸皆取於木。惟戊己中宮特殊。甲。始萌。尚冒孚甲。乙軋軋抽芽蘖。丙從蒂開葉。凡花木葉與花瓣是一物。顛上葉皆成花瓣形。其屬於幹木發權之處爲蒂。故說丙。然可見演爲柄蔕。丁。古文正視作●。旁視作个。上平作丁。花謝瓣初結實。故說丁盛。丁實。庚庚續發充。彭亨

成實。故說賡續。更橫。庚複體爲賡。丙演體爲㔷。故隸變
作更。辛古文作𢆉。果熟從蒂落辭枝。故云辛泣。壬象刊
木橫置於地、枝葉盡脫。木材取用。故曰壬任也。草木枯、
葉彫落。根荄復孕於下。故說懷妊於壬。承亥壬以子。太
乙下行九宮之位。亥壬亥以子。乃生之敘也。𢦏从厂讀
若颮。即讀若書法八法一撇之撇。𠂆亦从厂。謂光綫下
行如電之掣。撇然已至。而乀以誌之。乀者㮇杙也。即今
語所云釘樁。太乙天光下行中宮。留而不去。譬若釘而
誌之。乙倒書即ㄣ。戊己自己、同爲一字。演口爲㠯。加體
爲㠯。㠯用、薏苡、亦同一字。篆家取便遞衰書之。小有異

形。小學乃終古不明矣。故三豕渡河。子夏正之爲己亥。惟其作己。溯其兩旁。乃譌爲三。此其徵也。十二支兼有近取諸身。遠取諸物。二例。兩字相形互證見意。子午卯酉寅申巳亥。辰戌丑未。五行家所謂對冲。其義最古。子象子初生。午象日中正午立表晷影。卯爲開門。萬物已出。丣爲閉門萬物畢入。辰从厂、戌亦從厂、辰下卽从兩省。天光下行。人物萌孳於下。故演爲震。爲振爲賑。爲娠。戌从中宮之戊。箸一以指事。丣爲秋門萬物已入中宮。如果粒之核。入土復種也。丑。時加丑爲舉手。未爲木成果實滋味。亦明東作西成。寅申古文作𡍮昌。坐下箸土。而與申微異其形。謂在寅宮。則神氣風霆自土而出。在申宮則陰氣成體自申束也。乙古文畫蛇亥古文畫豕。即十二時禽之說也。

研究古書。何以必須識字解字。如不能解字。則只知通俗相承之訓解。不知古義。以譌傳譌。不達聖言言中之意。例如學而時習之。不明古義學字之界說。誤沿俗解。謂專指讀書。讀書固不可離。然學之界說不止於此。非據字形以究字義。何由決其孰是孰非。學上从臼。下从字省。冂中从爻。外从臼。臼从爪掌。𠂇側書爪。彐从反爪爲掌。誼爲人用指掌兩手奉持爻效也。有所效法而奉持之。則賅括志意言行。乃所謂後覺者必效先覺之所爲。即知此是古義。字者孳也。从屋下有子。通俗解字爲文字之專名。不知古義所稱晚出之文爲字者。正以其爲古文所孳乳而生。知古訓之本。則知牛羊牸字之。女子貞不字。屬字之本誼。而學之從字。亦取譬於孳乳子息。即教育之育。育者。養子之義也。豁然貫通。而旁支之訓解不得而亂矣。

識字解字。何以必須由小篆以究古文。篆文從古文而變。多增複體偏旁。浸失本義。驟難了解。晚出字書。輾轉引申之誼愈多。更無所適從。如經籍纂詁等書博引繁稱。適滋迷惑。卽如學字、尚屬篆文。从後覺效先覺立解。固屬不誤。但覺字卽从學省。然則先有學字。後有覺字。覺之本義。尚可遊移。又從何定爲碻詁。由此推知覺字从學省子。尚非古文。覺之古文。只當作囟。此文無徵。於何取證。按農字古文農下說。囟辰爲農。囟从囟。囟。悤門也。囟門覺動。舉手有作。依辰而興。農事如此。囟辰爲農卽覺辰爲農。故知囟卽覺字。後乃省臼。重×爲爻。而農字、嬰字、𥛃字之首。猶存此古文。故考統系可得而知也。西文拚音。屬讀成句。始成爲有意義之字。其未經組合而特有字職者。謂之幹字。此類字甚少。以西文例比中國古文無一字非幹字亦無一字不可轉為動詞如學是名詞而學字下綴詞各有所指即成動詞例如則以學文學字在語尾化成云謂例同雖曰未學仕而優則學又如老子首章首句首一字即提道字是名詞本句語尾仍用道字即屬動詞道古文作⿱首止从首止取於戴天履地頂天立地之義會意固明但再溯其初古文作衍从行取義而中畫軌道則屬指事察而見意中文常見之字多兼廣義狹義道字包括廣狹諸誼尤多須就衍古文索解始能同條共貫老子有物渾成先天地生字之曰道此係最先一誼孔子易繫一陰一陽之謂道

爲最廣一誼次則董子云道之大原出於天次則孟子云人也者仁也合而言之道也爲第二誼其上加主詞則化爲副詞如天道神道地道人道君子道小人道涵義以次漸狹其上加介系絜合助詞則皆主狹義如禮記大學之道老子不如坐進此道論語君子學以致其道君子深造之以道詞皆有所專指至加正負之詞尤爲誼有專屬如國有道國無道天下有道天下無道經傳常言屢見卽專指治國之道治天下之道而言老子他章亦言天下有道郤走馬以糞天下無道戎馬生於郊其詞與孔經同則其義亦同若非求之古文形義但

从首从辵求解卽隨處扞格難通。道字至訓爲道路誼爲最狹而道可道之動詞卽從此化出言路卽是人行之路也。

同文解字所取古文先許書古文。文汗簡六書故等及諸家鐘鼎款識。以至漢印譜各書百餘種專剌取筆畫單簡解說顯明爲主。爲其易記難忘。言下立曉仍依許書五百四十部分部之次。据形系聯而省併其複體之部注於篆下。書已脫稿但尙未整齊寫定。今約舉其式如左。

一 數之始也在上爲天在下爲地、在中爲道演體爲式別體爲壹、

丄 省併入一部、

示 卽篆文示部省併入一部、

三 數之中也積一而三三三而九復進於一、故三爲三才之道會意、

王 并入三部、

玉 玉也、古用玉爲佩皆結三連貫之以組貫其物品故畫組貫三連象形、

玨 併入玉部

气 天空之氣動則成形加米爲氣加水爲汽元气含三爲一凡多之數略不過三畫光綫折行象意亦象形、

士 併入一部、

丨 上下通也演爲毌增爲貫爲串象天之經緯綫下爲光綫在於人爲畫物綫以成寶綫織綫象意亦

象形

屮 草初生也演複體爲艸俗體爲草象艸木生枝莖上出象形

艸 省併入屮部

蓐 省併

茻 省并

水 省移并入水部

八 分別也正隅八方界別分明算數八綫幾何之原此畫兩切綫虛表六綫以明八綫象意

釆 辨也即古文辨亦即必字篆寫作从古文釆又加八八分辨必爲二字必手指縫也象形

半 并入八部

牛 牛牲謂之大牲故物件等字从牛猶俗言大物件象牛首者从牛口即謂牛首象形

犛省并、

告并入牛部、

口人言食之竅也、因以名萬物吐納之竅、重爲吅、爲吅吅、爲品、爲㗊、各有轉注同意相受象形、

凵省并、

吅省并入口部、

哭并入口部、

走并入止部、

止从古文作屮、

癶省并入止部、

步并入止部、

此 并入止部。

正 并入一部。

是 省并入日部。

舉此以見全書之例。右三十二部。省為十部。省并部屬文五百餘字。上方漢文作注。次列三數國歐美文同以中古文為正字。照譯漢文注。俾各國就譯文解字。同識此古文之字。用此字以寫中西學理深奥文雅之書。据文講貫。以通學術之郵。略見源流如左。

文 說文古文一 說文首部。

文 說文古文一一 說文篆。

弎說文古文。三說文篆。

三說文古文。四說文正篆傳寫作四。隸書作四。

今楷作四

㐅說文古文。五說文正篆傳寫作五。隸書作五。

今楷作五

六說文正篆傳寫作六。隸書作六。楷今作六。

七古文傳寫成七。今篆譌七。隸書作七。今楷爲

七。

八說文古文。八八說文異體。隸書作八楷作八

九說文正篆。九古文正體。九九古文別體。隸

寫作九。楷作九。

十古、篆、隸、楷、同。

甲說文古文。甲篆文甲。隸楷同

乙說文古文。乙古文別體。乙篆文乙。隸書乙。楷書。

丙古文丙。篆文丙。篆文別體丙。隸書丙。楷字。

●鐘鼎古文別體作■。說文亭本半體从古作丁。正篆作个。隸作丁。楷作丁。

庚鐘鼎古文別體作庚。篆書爲庚。隸寫作康。混同於庚。楷書作庚。

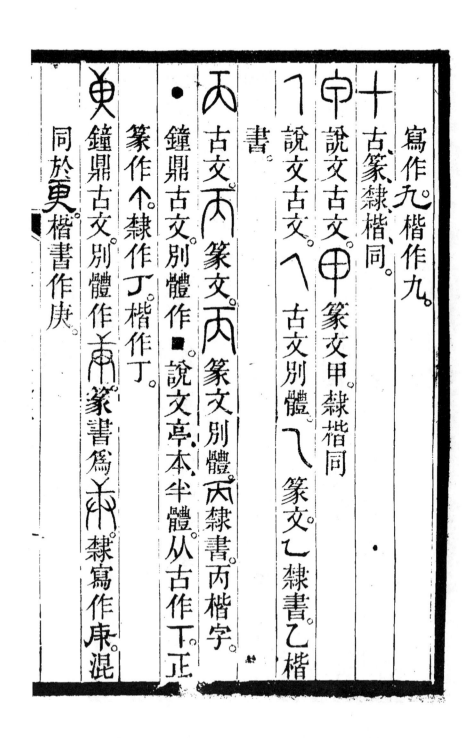

鐘鼎古文。汗簡作。篆書爲。隷楷作辛。

王說文正篆。亞半體从古文作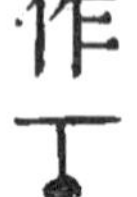。隷書作王。楷作壬。混合於𡈼。

古文。說文傳寫作。別體作。篆文作。隷作。楷作癸。

說文篆。葢卽古文。傳寫作。隷書作戊。楷書同戊。

古文。卽台上體。引書作。別體書作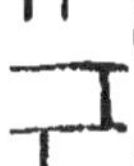。葢古文奇字。畫黼尼形。倒書作。卽以字。隷作㠯反書作。與同字。

古文奇字。亦奇字別體。正作。說文篆同。便書或作。別書作。誤混於古文別體辰巳之巳。隸書作子。楷書作子。

鐘鼎古文。引書爲。篆文作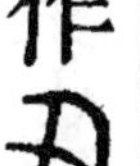。隸書作丑。楷書爲丑。

說文古文。傳寫誤作。鐘鼎或作。篆文沿古籒省改作。隸書作寅。楷寫作寅。

說文古文正當作。別體作。篆文作。隸書作卯。楷作卯。

說文古篆同。鐘鼎古文作。隸作午。楷作午。

未古文篆引書作未。轉寫作未。隸楷作未。

申古文。說文又古文作申。古文申。半體電半體作申。引書作申。隸寫作申。楷同作申。

酉說文古文篆改作酉。隸寫作酉。楷同。

戌說文篆蓋卽古文。傳寫作戌。隸楷同篆。

亥說文古文篆演作亥。隸作亥。楷寫作亥。

辰古文同篆。又體奇字作辰。篆寫作辰。隸書爲辰。楷寫作辰。

巳古文卽巳。下不詰屈。爲辰巳之巳。與戊己之己同字。篆引書作巳。微相識別。殷甲骨作巳。从

[illegible]加一為識別。形混為孑隸書作巳。楷同隸書

右舉用古文寫古書例以最初字明之戊己辰巳四字列茨在干支末者以其文難解對勘始明先寫孝經為隸古定別本單行

弟四男琦敬校

附說文舉孔子說字該括六書發微

士

士下，引孔子曰：推十合一爲士。訓士，事也。據此知士字本制字爲事之名詞。世間文字代表事物，只有三類：一曰物名，二曰事名，三曰意名。見閒琴閣說字各例。而轉爲專名，故云推十合一爲事，以計數表人事，從一件至十件，至十復進於一，所謂二多於十而少於五。從一自乘爲百，十十也。從百加乘爲千爲萬，復歸進一，是謂推十合一。此舉本字爲會意，卽從虛擬之事名轉注爲士大夫之專名，卽是轉注之例。是以鄭注六書，首舉轉注。

王

王下，引董仲舒曰：古之造文者，三畫而連其中謂之王。三者，天地人也，而參通之者王也。

孔子曰一貫三爲王而丨之爲貫虛有其意而字不單行則同於上下之引而上行下行雖有讀若仍同符號猶亦之从大而八其旁刃之从刃而丶其處是爲指事而丨之引而上下與王之連貫亦同屬建類一首同意相受兼有轉注例在其中

羊下引孔子曰牛羊之字以形舉也此二字乃据陳牲俯視伏體之形故云以形舉

犬下引孔子曰視犬之字如畫狗也古文作篆文乃竪書之据此知孔子說舉古文結體爲說正說象形

狗

狗下引孔子曰狗叩也叩氣吠以守說諧聲也許作形聲鄭作諧聲班作象聲左形从犬右聲取句是爲形聲其例易知鄭說諧聲者謂古文卽用句以爲犬之别名孔子說之云取意於叩氣夜吠之聲以守夜爲名故名之曰狗卽名之曰句從可推知句扣叩古文只一字後乃演爲三體再加分别箸以犬旁從此再推究古文之源最初只是从犬箸口左書爲吠右書作⿰犬口或作⿰犭口以吠爲名名爲狗也與吠只屬一字故班云象聲从犬著口象顯犬夜鳴遠聞卽象聲矣古之造文用聲取譬爲名

謂之象聲於後孳乳浸廣爰加分別獸從犬豸禽著鳥隹以類相成定為形聲一例後起之俗字乃先從其類於旁著聲故知形聲兼包有會意者屬之古文形聲偏旁有類別而取聲無意義者屬晚出之俗字也

烏下引孔子曰烏盱呼也取其助氣故以為烏呼此說假借與來瑞麥天所來也遂以為行來鳳鳥從飛以萬數故以為朋黨字日在西方而鳥栖遂以為東西（壬下說承亥壬以子生之敘也故以為人之稱）同其一例烏本孝鳥畫鳥去其畫目

睛之點以顯烏純黑乍不見目睛从烏去點仍屬象形與𦍌爲羊角卂爲烏疾飛虍爲虎文一例全體畫形之字缺點省畫仍同畫物而引孔子說此字用爲詞助者取其鳴聲長歎故云盱呼盱長大而遠也故經傳有曰烏是何言烏不至阿其所好彼烏知之或通寫作惡皆是烏字取烏聲之長歎爲否詞至用烏呼連文屬詞則專取其引聲長而助氣以爲歎詞說假借之例或作於卽古文烏畫羣飛之形

弟四男琦敬校